D1692715

Manfred Daurer

Postkarten aus dem Dachauer Land

Manfred Daurer

Postkarten aus dem Dachauer Land

Verlagsanstalt »Bayerland« Dachau

Gesamtherstellung:
Druckerei und Verlagsanstalt »Bayerland« GmbH,
85221 Dachau, Konrad-Adenauer-Straße 19

Alle Rechte der Verbreitung (einschl. Film, Funk und Fernsehen) sowie der fotomechanischen Wiedergabe und des auszugsweisen Nachdrucks vorbehalten.

© Druckerei und Verlagsanstalt »Bayerland«
85221 Dachau, 1993
Printed in Germany · ISBN 3-89251-160-8

Vorwort

Dem Betrachter und dem Leser wünsche ich auf der Wanderung durch unseren Landkreis mit Postkarten aus vergangenen Tagen viel Freude und Spaß; denn wie heißt es in einem bekannten Zitat des Schriftstellers Dr. Rupert Sigl so treffend: »Wir können die Heimat nur lieben, wenn wir sie kennen, und je besser wir sie kennen, desto mehr werden wir sie lieben.«

Den Bürgern meiner Heimatgemeinde Sulzemoos und den Landkreisbürgern, die mir beim Aufbau meiner Ansichtskartensammlung geholfen haben, möchte ich meinen persönlichen Dank aussprechen. Mein Dank gilt besonders Herrn Rudolf Diehm, Dachau, für die freundliche Unterstützung durch Leihgaben seltener Exemplare, die in diesem Buch mitveröffentlicht wurden. Herzlichen Dank auch an Herrn Dr. Gerhard Hanke, Dachau, für wertvolle Hinweise, an Frau Astrid Schäfer von der Verlagsanstalt »Bayerland«, die mir bei der Auswahl der Abbildungen mit Rat und Tat zur Verfügung stand, und an die Herren Fritz Hammerschmid und Josef Mertl von der Verlagsanstalt »Bayerland« für die Bestimmung der Drucktechnik der abgebildeten Postkarten.

Im Sommer 1993

Manfred Daurer

Einleitung

Grüße auf Ansichtskarten und Postkarten werden heute, im Zeitalter der Telekommunikation, immer weniger gesandt. Dafür haben es sich viele Sammler zur Aufgabe gemacht, alte »Ansichts-Postkarten« zu sammeln. Ansichtskarten zu sammeln ist sowohl Leidenschaft, Drang, eine Begierde als auch ein beglückendes Tun mit Erfolgsgefühlen besonderer Art. Ansichtskarten-Sammeln ist aber auch eine Tätigkeit mit Kulturwert, und glücklicherweise besinnt man sich seit geraumer Zeit wieder darauf.
Über Dachau, die malerische Stadt an der Amper, wurde schon viel geschrieben. Zudem wurden in den vergangenen Jahren einige eindrucksvolle Bildbände herausgegeben. Dagegen gibt es von der Stadt und dem Landkreis Dachau gemeinsam noch kein Buch mit alten Ansichtskarten. Das war der wichtigste Anstoß für die Zusammenstellung dieses Buches. Als Grundstock stand mir eine große Anzahl alter Ansichtskarten aus meiner Sammlung zur Verfügung. Der Band mit alten Postkarten zeigt neben den Ansichten der Stadt Dachau auch die Dörfer der Großgemeinden des Landkreises, wobei sich Ansichten einzelner Häuser, Ensembles oder Personen abwechseln.
Diese alten Bildpostkarten geben eine Stimmung vergangener Tage wieder: von der Jahrhundertwende bis zum Beginn des Zweiten Weltkrieges. Nicht alle Gemeinden unseres Landkreises sind in diesem Bildband gleich stark vertreten. Das liegt daran, daß nicht von jedem Ortsteil einer Großgemeinde Karten in der Sammlung des Autors vorhanden sind oder überhaupt aufzuspüren waren. Der Text soll in diesem Band nicht im Vordergrund stehen. Den Leser erwartet auch keine wissenschaftliche Arbeit über die Landkreisgeschichte. Dazu verweise ich auf das neue Buch »Kulturgeschichte des Dachauer Landes, Band 2: »Die Gemeinden des Landkreises Dachau«, herausgegeben vom Landkreis Dachau in Zusammenarbeit mit der Verlagsanstalt »Bayerland«, Dachau, im Auftrag des Museumsvereins Dachau. – Es sollen hier vielmehr die Bilder für sich sprechen. Sie sind alphabetisch gegliedert nach den 16 Gemeinden mit deren Ortsteilen und der Stadt Dachau, wie sie nach der Gebietsreform 1971 bis 1978 vorzufinden sind. Gemeinden, die früher zum Landkreis gehörten, sind in diesem Band nicht vertreten, dafür findet man Orte, die heute in unserem Landkreis eingegliedert sind.
Bildliche Darstellungen gehören zu den bedeutendsten Quellen der heimatlichen Volkskunde. Die Ansichtskarte ist ein Kultur- und Geschichtsdokument, das dem Heimatforscher in vielerlei Hinsicht weiterhelfen kann, zum Beispiel, wenn bei Rekonstruktionsversuchen historischer Bauten Detailpläne fehlen. Sie zeigt im kleinen, wie sich nicht nur das Ortsbild, sondern auch die Arbeits- und Lebensweise, die Gewohnheiten nebst der Mode verändert haben. Lokalhistoriker sind auf solches Bildmaterial angewiesen. Eine Sammlung von alten Ansichtskarten ist also auch ein wichtiger Beitrag zur Heimatgeschichte.
Beim Betrachten der Bilder beginnt die Zeit rückwärts zu laufen. Gerade unsere junge Generation, die wieder heimat- und geschichtsbewußt denkt, bedarf solcher Vorstellungen, um die Wandlung des Orts- und Dorfbildes zu erleben, sich einen Begriff davon zu machen, wie unsere Väter und Ahnen gelebt haben.

Die Geschichte der Ansichtskarte

Die Frage, wann die erste Ansichtskarte aufkam, wird immer wieder gestellt. Schon um die Jahrhundertwende diskutierte man darüber eifrig. Eine klare Antwort gibt es wohl bis heute noch nicht. Das hängt unter anderem auch von der Definition des Begriffs »Ansichtskarte« ab. Wenn man darunter einfach eine bebilderte Karte versteht, die zur Nachrichtenübermittlung dient, so könnte man, wenn man außerdem den Begriff »Karte« nicht zu eng nimmt, schon die mittelalterlichen, in Holzschnitt-Technik gefertigten Neujahrswunschblätter, aber auch die verschiedenen Glückwunschkarten unterschiedlicher Herstellungsart aus der Zeit zwischen dem 16. und 19. Jahrhundert als Ansichtskarten betrachten. Diese Karten entsprechen allerdings nicht der amtlichen Definition des Begriffs der »Ansichtskarte«, wie sie im Handwörterbuch des Postwesens formuliert ist. Dort heißt es ausdrücklich: Ansichtskarten sind Postkarten, auf denen sich Ansichten von Städten, Landschaften, Gebäuden sowie überhaupt Bilder oder Abbildungen aller Art befinden.

Die Ansichtskarte ist folglich erst über hundert Jahre alt, und am Anfang ihrer Geschichte steht eine nette Anekdote: Ein Herr namens Heinrich von Stephan (1831–1897) hatte sich über seinen Weinhändler geärgert. Er wollte ihm eine kurze Abfuhr erteilen und fand dafür einen Brief zu schade. Ihm schwebte ein Blatt aus festem Karton vor, eine Art Brief ohne Umschlag, kurz – eine Karte. Und da er preußischer geheimer Postrat war, konnte er diese Erfindung an den richtigen Stellen vortragen. Doch diese lehnten einen hüllenlosen Brief ab, »weil ein jeder durch das offenliegende Geheimnis zur Neugierde verführt« werde.

Das österreichische Postverordnungsblatt Nr. 46 brachte dagegen schon am 27. Dezember 1869 die Nachricht von der »Einführung der Correspondenz-Karte im internationalen Verkehr«. Der damalige Generalpostdirektor Maly hatte sie probeweise zugelassen. Bis zum Jahresende erreichte die erste Auflage bereits drei Millionen Stück. Sie wurde nach allen Orten der österreichisch-ungarischen Monarchie, ungeachtet der Entfernung, befördert. Die Vorderseite war dem aufgedruckten Zwei-Kreuzer-Wertzeichen und der Anschrift vorbehalten. Auf der Rückseite standen oben die Worte: »Raum für schriftliche Mitteilungen«.

Fünf Jahre verstrichen, dann sorgte eine Frau für die Verbreitung der Postkarte auch in Preußen. Paula von Bülov, der Correspondenz-Karte wie Fürst Bismarck zugetan, empfahl dem preußischen Ministerpräsidenten, »die nützliche Erfindung bei uns einzuführen«. Bismarck beherzigte diesen Rat, und am 18. Juni 1870 wurde die erste Postkarte mit einem Stempel des Norddeutschen Bundes auf den Weg geschickt. Sie war 9 x 14 Zentimeter groß und hat ihr Format bis heute so gut wie nicht verändert. Bald zogen auch die Bayern mit der Einführung dieser Karte nach.

Als älteste deutsche Ansichtskarte wird eine Correspondenz-Karte des Oldenburger Druckers und Hofbuchhändlers August Schwartz bezeichnet. Diese Karte war in der oberen linken Ecke mit einem Miniaturbild versehen, das einen Grenadier neben einer Kanone zeigt. August Schwartz entnahm den Holzschnitt für das Miniaturbild seiner Druckstocksammlung für den »Volksboten«. Er sandte den so entstandenen Bildergruß am 16. Juli 1870 an seine Schwiegereltern nach Magdeburg. Diese Schwartzsche Karte war um das Jahr 1903 schon so berühmt, daß man sie auf einer eigenen Ansichtskarte abbildete und mit dem Text »Die erste Bilder-Postkarte vom 16. Juli 1870« versah. August Schwartz hatte beim Verschicken seiner ersten illustrierten Karte im Jahr 1870 sicher noch nicht an eine Erfindung gedacht. Diese Möglichkeit erkannte er erst fünf Jahre später, als er zwei Serien von Ansichtskarten herausgab. Er schrieb darüber folgendes: »Da (1875) kam mir der Gedanke, mit meinen großen Holzschnittvorräten, mit denen ich meinen Volksboten zu illustrieren pflegte, eine Zusammenstellung von je 25 illustrierten Correspondenz-Karten zu machen, welche im Herbst 1875 (im Handel) erschienen. Dies waren die ersten Bildkarten der Welt.« (Zitiert nach Erich Schrader: 100 Jahre Ansichtspostkarten. In: Neues Archiv für Niedersachsen. 20. Bd. Göttingen 1971, S. 236–247.)

Von großer Bedeutung für die weitere Entwicklung der Ansichtspostkarte war das Jahr 1872. Damals wurde in den verschiedenen

Postgebieten das Kartenformat auf 88 x 144 Millimeter vereinheitlicht. Das Wort »Correspondenz-Karte« wurde durch die Bezeichnung »Postkarte« ersetzt. Daneben erlaubte man auch die Benutzung privat hergestellter Karten, wodurch sich in Deutschland eine ständig wachsende Postkartenindustrie entfaltete. Beim Versand durch die Post gab es aber auch juristische Bedenken: Postboten, Dienstpersonal und Kinder konnten den Inhalt lesen. Anonym bleibende Absender mißbrauchten die Karten zu unsittlichen oder beleidigenden Mitteilungen. Besonders Schlaue beschrieben daher ihre Karten in Kurzschrift. Die Industrie nützte ihre sich entwickelnden Techniken zu immer größerer Perfektion in der Herstellung zunehmend aufwendigerer Produkte, was die Käufer veranlaßte, die Karten nicht nur zu verschicken, sondern auch zu sammeln.

Auf den früheren Karten war die Seite ohne Abbildung der Anschrift vorbehalten, auf diese Seite durfte man keine Mitteilungen schreiben. So kam die »Gruß aus«-Karte auf, die so viel Platz neben dem Bild freiließ, daß man Namen und sonstige kurze Nachrichten anbringen konnte. Bei größeren Abbildungen umschrieb man den Rand der Karte. Ab 1905 gab die Postverwaltung offiziell die Hälfte der Anschriftenseite für Mitteilungen frei, und so ist es bis heute geblieben. Man kann daher alte Ansichtskarten sehr gut zeitlich festlegen: Alle Karten, die eine ganze Seite für die Anschrift aufweisen, wurden in Deutschland vor 1905 gedruckt, in England vor 1902, in Frankreich vor 1904, beim Weltpostverein vor 1906 und in den Vereinigten Staaten von Amerika vor 1907.

Die ersten Bildpostkarten zeigten Ansichten von Orten, Ortsteilen, Gasthöfen, Kirchen, Schlössern und sonstigen Sehenswürdigkeiten. Es gab kaum eine Gegend, die nicht für alle Zeiten auf der Karte festgehalten wurde. Heute ist man dankbar, daß dies so war, denn oft sind nur solche noch vorhandenen Karten Zeugen vergangener Tage.

Herstellungsverfahren

Auf das Herstellungsverfahren der Ansichtskarten möchte ich nur ganz kurz eingehen. Die im Jahre 1796 von Alois Senefelder erfundene Lithographie (Steindruckverfahren) gilt als das häufigste Herstellungsverfahren bis zum Beginn des Ersten Weltkrieges. Das Bild der Lithographie wird mit Feder, Pinsel oder Kreide auf eine Kalksteinplatte aufgetragen, der Charakter dieser drei Zeichentechniken bleibt im Druck unverändert erhalten. Dabei wird mit fetthaltiger Tusche oder Kreide auf den Stein oder das Umdruckpapier gezeichnet, und zwar stets ohne Plattenrand. Die mit Tusche oder Kreide behandelten Stellen des Steines speichern die Druckfarbe, so daß nur diese Stellen einen Abdruck liefern. Die Lithographie und die Fotografie sind die beiden für die Ansichtskarte wichtigsten Erfindungen. Bei der Farb- oder Chromolithographie wurde vom Stein, später von Zink- oder Aluminiumblechen gedruckt. Für jede Farbe brauchte man einen separaten Stein, und oft waren es bis zu 16 Steine, die übereinander gedruckt werden mußten. Für die Reproduktion fotografischer Ansichten verwendete man den sogenannten Lichtdruck, eine Erfindung des Münchener Hoffotografen Joseph Albert. Dabei dienen Glasplatten mit einer lichtempfindlichen Chromgelatineschicht als Druckformen. Dieses Druckverfahren war in der Herstellung bedeutend billiger als die Lithographie. Ab etwa 1915 setzte sich bei den Ansichtskarten das Offsetverfahren durch, bei dem der Abdruck des Originals über einen Zwischenträger auf das Papier erfolgt.

Lithographien, Luna-Karten, Ereigniskarten, Künstlerkarten und verschiedene Motive

Die Perlen unter den Ansichtskarten bleiben jedoch die Lithographien. Sie sind weniger unter fotografisch-dokumentarischen Gesichtspunkten als vielmehr unter ästhetischen Aspekten zu sehen. Sie sagen viel über die künstlerische Hand des Herstellers aus.

Mehrere Vignetten eines Ortes wurden um eine Hauptansicht gruppiert und mit Blumen, Ranken und Ornamenten geschmückt. Von größeren und bedeutenderen Orten wurden sogenannte »Luna-Karten« hergestellt, deren Bildseite metallisch glänzte.
Auch zu besonderen Anlässen wurden Ansichtskarten, sogenannte »Ereigniskarten«, hergestellt. Die Ansichtskarte wurde damit ein wichtiger Informationsträger, der Brände, Eisenbahnunglücke und sonstiges mehr für die Nachwelt zu Papier brachte.
Zu erwähnen sind auch noch die Künstlerkarten, wobei es sich um Reproduktionen von Gemälden, Zeichnungen oder Stichen namhafter Künstler handelt. Eine Vielzahl solcher Karten gibt es gerade von der Stadt Dachau, wo viele bekannte Künstler lebten und wirkten. Diese Karten haben durchaus auch zeitgeschichtlichen Charakter und werden oft speziell gesammelt.

Verbreitung

Bereits um 1900 waren in Deutschland zirka 30000 Personen, fast nur Frauen, in der Ansichtskartenindustrie zu Billiglöhnen beschäftigt. Genauso arbeiteten Tausende von Grafikern, Zeichnern und Malern für die Postkartenindustrie. Zu dieser Zeit wurden bereits täglich etwa 50000 Ansichtskarten verschickt.

Diese Ansichtskarte von Altomünster, die 1904 vom Verlag N. Baumann (Altomünster) im Lichtdruck hergestellt wurde, zeigt in einer Vignette eine Totalansicht von Altomünster. Die Frauenabbildung in der Vignette auf der linken Seite darf man der Ausschmükkung der Karte zurechnen.

Der Ort Altomünster ist nach seinem Gründer benannt, dem schottischen Mönch Alto, der bald nach 750 im sogenannten Altowald ein Klösterchen gegründet hatte. Es wurde dem hl. Bonifatius geweiht. Die berühmte Pfarr- und Klosterkirche wurde 1763–1773 vom Münchner Hofbaumeister Johann Michael Fischer erbaut.

Auf dieser Ansichtskarte von Altomünster, einer Chromolithographie des Verlags N. Baumann (Altomünster), gruppieren sich vier Vignetten mit den wichtigsten Bauwerken und Straßen um eine Ortsansicht. Die Karte wurde am 10. September 1898 abgestempelt.

Bereits im Jahre 1391 verlieh Herzog Stephan III., genannt der Kneißl, dem Dorf per Urkunde die Stadt- und Marktrechte auf ewige Zeiten.

Diese »Gruß aus«-Karte von Altomünster zeigt neben einer Ansicht des Ortes die Kirche und zwei Straßenzüge. Der Verlag N. Baumann (Altomünster) fertigte diese Karte bereits im vorigen Jahrhundert (gestempelt am 15. September 1899) im Lichtdruckverfahren, während die rote Schrift im Buchdruck aufgedruckt wurde.

Einen idyllischen Blick auf den Markt Altomünster zeigt diese romantische Bildpostkarte des Verlags N. Baumann (Altomünster). Die Karte wurde im Lichtdruck zweifarbig (schwarz, blau) gedruckt, während die Schrift mit brauner Farbe im Buchdruck aufgebracht wurde. Es handelt sich übrigens um eine Fotomontage – die Frauenfigur links im Bild befand sich nicht auf der Originalfotografie. Der Standpunkt ist übrigens derselbe wie bei der Ortsansicht auf Seite 11. Die Karte wurde am 5. Juli 1921 von Altomünster nach München geschickt.

Im Jahre 1973 beging die wegen ihrer kunstvollen Gestalt vielbewunderte Kloster- und Pfarrkirche Altomünster das 200jährige Jubiläum der Neuweihe nach dem Um- und Neubau durch den Münchener Hofbaumeister Johann Michael Fischer, der hier in Altomünster seine ruhmvollen Werke krönte.

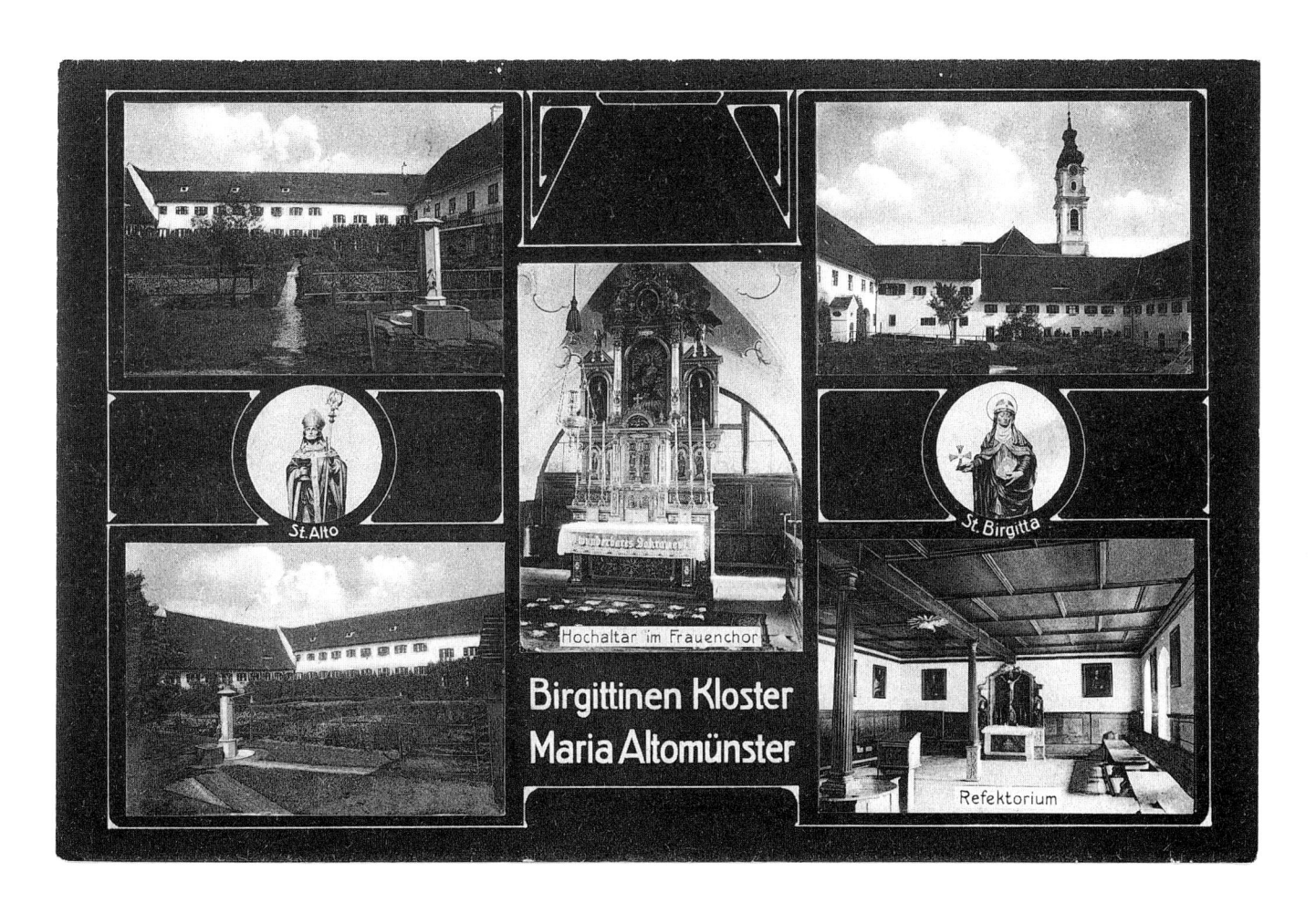

Den Birgittinnen des Klosters Altomünster ist diese Ansichtskarte des Verlags N. Baumann (Altomünster) gewidmet. Auf ihr sind fünf Ansichten des Klosters und zwei Vignetten mit dem hl. Alto und der hl. Birgitta abgebildet. Die Karte, deren Herstellungsjahr sich nicht genau feststellen läßt, wurde im Lichtdruck gefertigt.

Das letzte Birgittenkloster im deutschen Sprachraum geht auf das in Schweden liegende Urkloster Vadstena zurück, das die hl. Birgitta 1346 gründete. Birgitta wurde 1303 geboren und strebte nach der moralischen Verbesserung der Welt. 1991 jährte sich zum 600. Male der Tag ihrer Heiligsprechung durch Papst Bonifatius IX. am 7. Oktober 1391.

Diese Bildpostkarte zeigt zwei Gesamtansichten von Hohenzell im Querformat und zwei einzelne Gebäude des Ortes. Die Karte wurde vom Verlag Michael Böck (Hohenzell) Anfang des 20. Jahrhunderts im Lichtdruck hergestellt und handkoloriert. Sie wurde am 8. September 1904 von Hohenzell abgeschickt.

Das abgebildete Pfarrhaus wurde um 1900 im neugotischen Stil erbaut und ist heute als Baudenkmal in die Denkmalliste aufgenommen. Das Gebäude wurde 1987 restauriert und ist im ersten Stock vermietet. Die Räume im Erdgeschoß dienen der pfarrlichen Seelsorge. Das heute markant in der Ortsmitte stehende Schulhaus wurde im Jahr 1899 erbaut.

Diese Ansichtskarte aus Hohenzell weist die damals typische Dreiteilung auf. Auf der oberen Hälfte der Karte wurde die Pfarrkirche von Hohenzell abgebildet, während die untere Hälfte zwei Teilaufnahmen derselben Kirche wiedergibt. Die im Lichtdruck (braune Druckfarbe) gefertigte Karte wurde vom Verlag G. Heil (Frankfurt a. Main) hergestellt und war am 8. April 1927 in Umlauf.

Die Pfarrkirche St. Stephan wurde trotz ihres barocken Äußeren und des eleganten Barockturms erst im Jahre 1926 erbaut. Mit dem 28 Meter hohen Turm und vier neuen Kirchenglocken wurde das Werk 1927 vollendet.

Diese Lichtdruck-Ansichtskarte von Pipinsried zeigt unter der Gesamtansicht des Ortes im Querformat die sechs wichtigsten Bauwerke. Die vom Verlag N. Baumann (Altomünster) gedruckte Karte wurde am 26. Dezember 1917 abgeschickt.

Die Römerstraße Dasing–Tandern zog im Norden des Ortes vorbei. Ortsname und der Kirchenpatron Dionysius weisen auf eine Karolingergründung hin. König Pipin soll hier ein Jagdhaus und eine noch vom hl. Bonifatius geweihte Kapelle besessen haben, aus der die Pfarrkirche hervorgegangen ist. Als einzige Pfarrei des alten Landkreises Dachau gehört Pipinsried zum Bistum Augsburg.

Diese Jugendstilkarte zeigt ungewöhnlicherweise die Ansicht zweier Ortschaften – Randelsried und Asbach – und ein einzelnes Gebäude in Randelsried. Sie wurde im Jahre 1899 vom Verlag N. Baumann (Altomünster) im Lichtdruckverfahren hergestellt (rote Schrift im Buchdruck) und am 31. Oktober 1900 versandt.

Randelsried dürfte etwa um 1000 aus zwei Urhöfen entstanden sein. In derselben Zeit begann auch die Besiedelung des Ortes Asbach. Der Pfarrhof stammt in seiner heutigen Gestalt von 1755, die Mühle – schon im Jahr 1140 erwähnt – wurde um 1700 erbaut.

Diese Lichtdruck-Ansichtskarte des Verlags E. Kost (München) bildet in der oberen Hälfte eine Gesamtansicht von Bergkirchen und in der unteren Hälfte zwei bedeutendere Gebäude ab. Die Karte war im Jahre 1911 in Umlauf.
Von einer Großgemeinde war damals noch nichts zu spüren. Man konnte eher von einem idyllischen Dorf sprechen. Wie ein Zeigefinger Gottes erhebt sich der Kirchturm hoch über die Dächer des Ortes. Die Pfarrkirche St. Johannes Baptist scheint eine der Urpfarreien des Dachauer Landes zu sein. Die ursprüngliche Basilika wurde in gotischer Zeit neu gebaut, während der auch der Turm entstand. 1731–1738 wurde das Langhaus nach Plänen von Johann Michael Fischer neu errichtet.

Gruss aus Deutenhausen
Post Lauterbach O.B.

Diese »Gruß aus«-Ansichtskarte zeigt eine Ansicht der Ortschaft Deutenhausen und in kleinerem Format ein einzelnes Haus, vermutlich die Gastwirtschaft. Die Karte wurde um 1900 vom Verlag Becker & Kölblinger (München) im Lichtdruck hergestellt.
Der Ort gehörte bis 1848 zur Hofmark Eisolzried. Nördöstlich von Deutenhausen, halbwegs gegen Bibereck zu, wurde 1909 eine römische Ziegelei gefunden. Die später veränderte Kirche läßt die gotische Anlage noch erkennen. Wie in vielen Orten der Großgemeinde Bergkirchen gab es in Deutenhausen früher hauptsächlich eine kleinbäuerliche Struktur mit Taglöhner- und Handwerkeranwesen.

Gruß aus Eisolzried

Gasthaus von M. Burgmair

700 jähr. Eiche

Diese Lichtdruck-Ansichtskarte von Eisolzried zeigt wiederum die häufig verwendete Dreiteilung mit einer Gesamtansicht des Ortes über zwei Einzelansichten. Der Verlag Gg. Deuschl (Maisach) druckte diese Karte um 1920.

Einst war der Ort Eisolzried Edelsitz der Herren von Eisolzried gewesen (ein Heinrich von Eisolzried unterzeichnete mit Ludwig dem Bayern den Hausvertrag von Pavia im Jahre 1329). Teile des späteren Schlosses sind heute noch erhalten. Westlich davon steht eine mehrere Hundert Jahre alte Eiche, wohl eine der ältesten in ganz Bayern.

Auf der vom Verlag Pernat & Thauer (München) im zweifarbigen Lichtdruck (schwarz, grau) um 1900 hergestellten Karte sind eine Ortsansicht von Feldgeding und das Wirtshaus abgebildet.

Die Kirche St. Augustin in Feldgeding, die heute unter Denkmalschutz steht, soll der Sage nach von Herzog Sigismund erbaut worden sein. Er hatte jedenfalls 1477 als Besitzer der Hofmark Eisolzried eine Wochenmesse hierher gestiftet, die bis zum Jahr 1920 als Jahrtag gehalten wurde.

Das Torfstechen, das über viele Jahrzehnte in der Gegend um Feldgeding zwar eine harte und mühsame Arbeit war, aber vielen Bauern im Ort eine Einnahmequelle bot, hat bis auf eine kleine Menge, die für den Hausbrand genutzt wird, aufgehört. Nur mehr die Alten erinnern sich daran, wie um zwei Uhr nachts die Pferdefuhrwerke aufbrachen und das »schwarze Gold« nach München transportierten.

Diese zweifarbige (schwarz, grün) Lichtdruck-Ansichtskarte von Günding weist ebenfalls die häufige Dreiteilung mit der Ortsansicht oben und zwei weiteren wichtigen Gebäuden – hier die Gastwirtschaft und die Handlung – in der unteren Bildhälfte auf. Die am 9. März 1941 als Feldpostkarte in Dachau aufgegebene Karte vom Verlag G. Wadenklee (München) dürfte schon einige Jahre in einer Schublade auf den Versand gewartet haben.

Im Gündinger Moos wurden zwei Steinäxte aus der Jungsteinzeit gefunden. Im Jahr 1140 wird ein Heinrich von Gundingen erwähnt. Die Kirche St. Vitus ist im wesentlichen neuromanisch eingerichtet. Die Glocke, von Ulrich von der Rosen im Jahre 1485 geschaffen, ist heute im Besitz des Bayerischen Nationalmuseums in München.

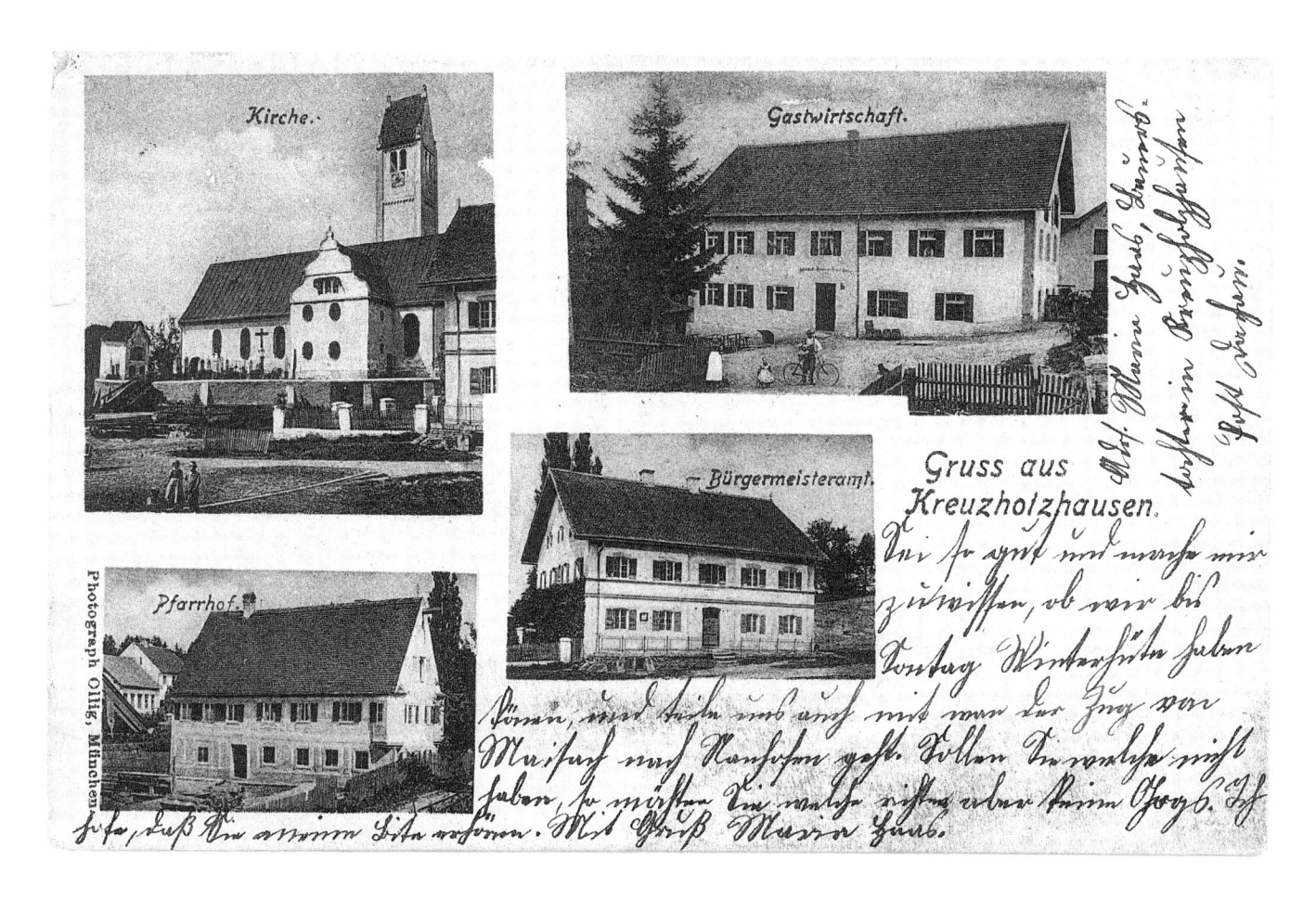

Die Bildpostkarte von Kreuzholzhausen verzichtet auf die Abbildung einer Ortsansicht. Hier werden ausschließlich die Darstellungen von vier bedeutungsvollen Gebäuden gezeigt. Die vom Verlag Ollig (München) im Lichtdruckverfahren (Schrift braun) hergestellte Karte wurde am 30. September 1914 abgestempelt.

Das Dorf Kreuzholzhausen war früher ein bedeutender Wallfahrtsort. Das altertümliche Kreuz an der südlichen Außenwand der Kirche Hl. Kreuzauffindung und St. Helena, wohl eine Nachbildung des Forstenrieder Kreuzes, wurde im 17. Jahrhundert geschaffen. Der Pfarrhof mit Satteldach und Eckerker, um 1700 erbaut, steht unter Denkmalschutz.

Diese Lichtdruck-Ansichtskarte von Lauterbach wurde vom Verlag G. Pettendorfer (München) um 1900 nach einer Zeichnung gefertigt. In der Darstellung ist die Nähe zu einer Lithographie erkennbar: zu einer Gesamtansicht der Ortschaft sind zwei Vignetten mit Teilansichten gestellt.

Das Schloß Lauterbach war von 1449 bis heute im Besitz der Grafen von Hundt. Im Dreißigjährigen Krieg wurde das Schloß stark in Mitleidenschaft gezogen, doch es wurde noch im selben Jahrhundert von Grund auf renoviert. Der Südflügel, der Mittelflügel und Reste der alten Befestigung sind in fast unveränderter Form erhalten. Das Forsthaus wird heute noch bewohnt.

Die Ansichtskarte mit der ungewöhnlichen Ortsansicht von Oberbachern wurde vom Verlag Anton Schleifer (Bachern) mit zwei Druckverfahren, der Chromolithographie und dem Lichtdruck (schwarze Druckfarbe), hergestellt. Sie wurde anläßlich des Baus der Eisenbahnbrücke der Lokalbahn Dachau–Altomünster bei Oberbachern im Jahre 1912 gedruckt, am 14. Juli 1919 versandt.
Einst stand hier in Oberbachern nördlich der heutigen Pferdeschwemme ein Schlößchen. Es fiel der schwedischen Brandfackel 1632 zum Opfer und wurde dem Erdboden gleichgemacht. Seit jenen Tagen wird dieser Wiesengrund als »der Erdboden« bezeichnet.
Die Kirche St. Jakobus wurde in den Jahren 1722–1726 von Baumeister Gregor Glonner erbaut.

Diese Lichtdruck-Ansichtskarte zeigt eine Totale von Palsweis und im linken oberen Eck die Gastwirtschaft. Der Verlag Hans Kießling (Maisach) druckte die Karte um 1935.

Die Gastwirtschaft Brandstetter wurde 1960 abgerissen. In der Nähe des Standpunktes der abgebildeten Bäuerin führt heute die Bundesautobahn München–Stuttgart vorbei.

Gruss aus Unterbachern.

Unterbachern wird hier auf einer sogenannten »Hauskarte« dargestellt, das heißt, daß zum einen eine Ortsansicht und zum anderen ein einzelnes Haus abgebildet sind. Die Karte, die am 10. August 1911 abgestempelt ist, wurde vom Verlag S. Fritsch (München) im Lichtdruck (rote Schrift im Buchdruck) hergestellt.

Der Ort Unterbachern wird bereits im 8. Jahrhundert genannt, aber erst 1300 als Nidernbachern von Oberbachern unterschieden. Die Kirche mit dem romanisierenden Turm aus dem 18. und 19. Jahrhundert ist St. Martin geweiht. Das im Vordergrund abgebildete Gebäude ist das Gasthaus Hartmann, das bereits vor Jahren abgerissen wurde.

Diese Chromolithographie eines unbekannten Verlages zeigt eine Ansicht von Dachau um die Jahrhundertwende in einer aufwendig gestalteten Randverzierung; die Karte wurde am 21. Mai 1903 in Dachau aufgegeben.
Die alte Dachauer Burg wurde 1143 während des Kampfes der Welfen gegen die Hohenstaufen zerstört und nach 1182 durch die bayerischen Herzöge wieder aufgebaut. 1435 errichtete Herzog Ernst auf dem jetzigen Schloßberg die neue Veste. Die Herzöge Wilhelm IV. und Albrecht V. bauten 1558–1577 die großzügige Vierflügelanlage mit Ecktürmen in der Ummauerung.
Die Pläne stammten von Heinrich Schöttl. Ab 1715 wurde das Schloß durch Joseph Effner vor allem an den Fassaden und im Treppenhaus des Westflügels stark verändert. Nach Abbruch von drei Flügeln (1806–1809) blieb nur der südwestliche mit zweien der ehemals vier Zwingertürme erhalten.

Eine ungewöhnliche Aufteilung weist diese Chromolithografie »Gruss aus Dachau« auf. Das obere Viertel der Karte stellt einen Blick auf die Alpen von der Terrasse des Brauhauses Ziegler aus dar, darunter gruppieren sich in Vignetten eine Gesamtansicht des Marktes Dachau, das Brauhaus Ziegler und eine Frau in Dachauer Tracht. Die vom Verlag Moch & Stern (München) hergestellte Ansichtskarte wurde am 24. September 1900 abgestempelt.

Dachau. *Oberer Marktplatz mit Rathaus.*

Die Bildpostkarte von Dachau aus dem Verlag Franz Josef Huber (München) wurde nicht versandt. Rückschlüsse auf das Entstehungsdatum anhand des Poststempels sind daher nicht möglich. Die Karte, auf der einer der wichtigsten Plätze Dachaus abgebildet ist, wurde im Tiefdruckverfahren hergestellt.

Zu früheren Zeiten konnte man noch ungehindert mit einem Ochsenfuhrwerk mitten über den oberen Marktplatz ziehen. Das ursprüngliche Rathaus wird erstmals 1486 erwähnt. Der gotische Bau mit Spitzbogenfenstern wurde in den Jahren 1614/15 umgebaut und mußte nach Erhebung des Marktes zur Stadt im Jahre 1933 einem Neubau weichen.

Diese farbige Heliocolorkarte stellt neben einer Teilansicht der Dachauer Altstadt – vom gegenüberliegenden Ufer der Amper aus – den oberen Marktplatz und den Schloßgarten dar. Sie wurde 1913 aufgegeben und stammt aus dem Verlag Ottmar Zieher (München).

Ludwig Thoma, der große bayerische Dichter (1867–1921), lebte vom 18. Oktober 1894 bis zum 17. Mai 1897 in Dachau. Thoma war an einem Augustabend 1894 zum ersten Mal durch Dachau gekommen und war von dem Ort geradezu begeistert. Die Zulassung Thomas als Rechtsanwalt beim Amtsgericht Dachau erfolgte am 2. November 1894. Der 27jährige Advokat hatte Wohnung und Kanzlei beim Schneidermeister Max Rauffer, Augsburger Straße 13. Am 1. April 1897 gab Ludwig Thoma die Rechtsanwaltskanzlei auf und übersiedelte nach München.

Dachau (Karlsberg).

2542. L. Gabler, Photograph, Dachau (Selbstverlag).

Der Karlsberg in Dachau ist das Thema dieser Lichtdruck-Ansichtskarte, die vom Verlag L. Gabler (Dachau) um 1900 gefertigt wurde.

Der Karlsberg, um 1790 so benannt, erinnert an den Kurfürsten Karl Theodor von Bayern, der diese Bergstraße in Dachau verbesserte, welche ehedem wegen des Pflasterzollhauses auf der Höhe als die »Zohlstraße am Perg« oder die »Zollstraßen am Kühberg« bekannt war. Der Karlsberg ist heute die kürzeste Verkehrsverbindung von der oberen zur unteren Stadt.

Diese Bildpostkarte zeigt den alten Markt Dachau vom Fuße des Schloßberges aus. Sie wurde vom Verlag E. Keppler (München) im Lichtdruck hergestellt und am 19. Mai 1898 in Dachau abgestempelt.

Die berühmte Silhouette von Dachau wurde von vielen Künstlern, die in Dachau lebten oder wirkten, auf die Leinwand gebracht. Auch für den bildenden Künstler und international bekannten Maler und Holzschneider Carl Thiemann (1881–1966) wurde die reizvolle Stadt Dachau ab 1908 zur Wahlheimat. Er lebte bis zu seinem Tod in dem bekannten Künstlerort.

DACHAU. BLICK ÜBER DIE AMPERBRÜCKE AUF SCHLOSS u. PFARRKIRCHE

Einen »Blick über die Amperbrücke auf Schloß und Pfarrkirche« von Dachau vermittelt diese Lichtdruck-Ansichtskarte, die der Verlag Franz Josef Huber (München) herausbrachte und die am 30. Dezember 1918 als Neujahrsgruß nach Weiden ging. Damals war der Straßenverkehr noch ruhig und von Hektik konnte nicht gesprochen werden.

Diese Bildpostkarte vom Schrannenplatz in Dachau wurde nie abgeschickt und läßt sich daher nicht genau datieren. Der Verlag August Zerle (München) stellte sie im Tiefdruck (braune Druckfarbe) her.

Zwischen der Kirche St. Jakob, dem Schulhaus und der Augsburger Straße breitet sich der Schrannenplatz aus, wo damals die Landwirte ihr Getreide auf der »Schranne« in Silber umsetzten.

DACHAU

Der Verlag H. Zauner (Dachau) druckte diese Karte, auf der Dachau von Norden her abgebildet ist, im Lichtdruckverfahren (Text: roter Buchdruck). Sie wurde am 5. April 1916 abgestempelt. Besonders der reizvolle Altstadtkern Dachaus sowie die wundervolle Landschaft des Dachauer Mooses zog Ende des vorigen Jahrhunderts viele Künstler an und ließ Dachau zum Zentrum einer bedeutenden Künstlerkolonie werden. Über 1500 Künstler wirkten bis zum Beginn des Zweiten Weltkrieges hier am Ort.

ETZENHAUSEN bei Dachau.

Diese nach einer Zeichnung gefertigte Lichtdruckkarte stellt Etzenhausen bei Dachau dar. Sie wurde vom Verlag Jos. Kaltenbach (München) gedruckt.

Man hatte noch mehr Zeit als heutzutage, damals um die Jahrhundertwende, als diese Ansicht entstand. Detailgetreu hielt der Zeichner jedes Haus mit seinem Erscheinungsbild aus der Vogelperspektive in langwieriger Kleinarbeit fest.

Den Teilabschnitt der Lokalbahn Dachau–Altomünster bei Erdweg und eine Ansicht der Basilika auf dem Petersberg in einer Vignette zeigt diese im Lichtdruckverfahren nach einer Zeichnung hergestellten Karte eines unbekannten Verlages aus dem Jahre 1936.

Die Kirche St. Peter auf dem Petersberg mit ihren romanischen Fresken ist ein Kleinod des Dachauer Landes. Sie wurde zwischen 1104 und 1107 als Benediktinerklosterkirche erbaut. Nach zahlreichen Umbauten hat das Gotteshaus heute wieder den ungefähren Zustand der Gründungszeit. Die Fresken in der Apsis aus der Zeit um 1110 wurden 1907 wiederentdeckt und teilweise ergänzt. Erhalten ist auch die vorzügliche Muttergottesfigur (um 1500) nach dem Vorbild der Blutenburger Marienfigur an der inneren Nordwand.

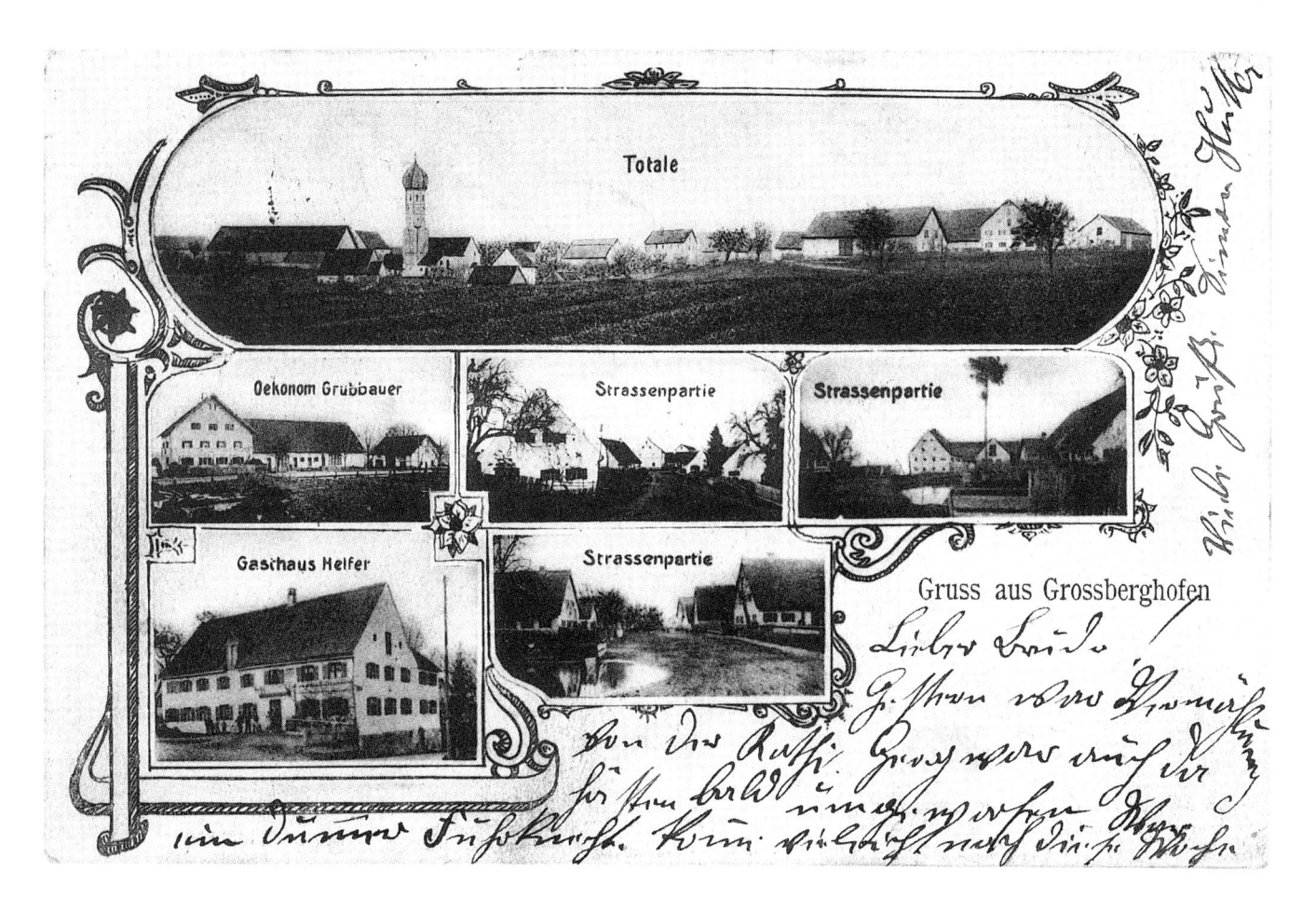

Eine Gesamtansicht und fünf Teilansichten von Großberghofen sind auf dieser Lichtdruckkarte vom E.-Kost-Verlag (München) abgebildet, die am 3. Mai 1905 verschickt wurde.
Die Kirche St. Georg hat zum Teil noch romanisches Mauerwerk. Chor und Turmunterbau sind gotisch. Kaspar Hutter richtete während der frühen Jahrzehnte des 20. Jahrhunderts im ehemaligen Pfarrhaus eine sehenswerte vorgeschichtliche und volkskundliche Sammlung ein. Die Haustafeln des Dachauer Landes gehen auf den im Ort wohnhaften Lorenz Strasser (1795–1866) und seine Tochter Maria Anna (1832–1894) zurück.

Der »Gruss aus Kleinberghofen« aus dem Jahr 1899 weist in drei Vignetten eine Gesamtansicht und zwei Ansichten der bedeutendsten Gebäude des Ortes auf. Die Karte wurde vom Verlag A. Baumann (Altomünster) im Lichtdruck hergestellt (Schrift im roten Buchdruck).
Der Ort Kleinberghofen kann auf eine lange Geschichte zurückblicken. Bereits 818 stiftete der Priester Lantperht sein und seines Neffen David Erbgut in Perchouum, worunter Kleinberghofen zu verstehen ist.
Das Gasthaus Rothenfusser mit dem stattlichen Satteldach wurde im Jahr 1840 erbaut und steht heute unter Denkmalschutz. Am Giebel befindet sich die Aufschrift: »Hier logierte als Jagdpächter von Kleinberghofen und Umgebung Dr. Ludwig Thoma.«

Unterweikertshofen

Gasthaus v. Jos. Bayerl — Kriegerdenkmal — Gemischtwaren u. Bäckerei v. Gg. Ertl

Die beim Verlag von der Grün (Pöttmes) gedruckte Lichtdruck-Bildpostkarte zeigt in der oberen Bildhälfte einen Blick auf Unterweikertshofen, in der unteren Bildhälfte drei für wichtig erachtete Bauwerke in der Ortschaft. Die Karte wurde am 21. Januar 1934 in Schwabhausen abgestempelt.

Unterweikertshofen wurde erstmals 1126 als Wicharteshoven genannt, in Zusammenhang mit Ditrich, einem herzoglichen Ministerialen. Die Kirche St. Gabinus wurde 1608 erbaut, 1709 erweitert, 1840 mit einem Turm versehen und 1910 nochmals nach Westen verlängert. In der Kirche finden sich mehrere Grabsteine der ehemaligen Hofmarksbesitzer, den Grafen von Hundt.

In Unterweikertshofen wurde am 4. August 1875 der in ganz Bayern bekannte Räuber Mathias Kneißl geboren – Geburtshaus war das Gasthaus unten links, das seine Eltern betrieben. Am 21. Februar 1902, übrigens an einem Freitag und nicht, wie irrtümlich immer verbreitet, an einem Montag, wurde Kneißl frühmorgens in Augsburg durch das Fallbeil hingerichtet.

Dieser »Gruß aus Walkertshofen« wurde im Jahr 1907 vom Verlag N. Baumann (Altomünster) gedruckt und 1910 mit kurzschriftlichen Mitteilungen an das »Wohlgeborene Fräulein Fanny Stocker« in Gilching gesandt. Der teilweise kolorierte Lichtdruck stellt eine Gesamtansicht des Ortes im Querformat und darunter drei Teilansichten dar.

Über die Landkreisgrenzen hinaus wurde der Ort um 1550 bekannt, als der Bader Jörg Haffner eine Heilquelle entdeckte und anschließend ein Wildbad mit 100 Badezubern ausbaute. Sogar aus dem Ausland reisten Gäste hierher. Der Badebetrieb dauerte bis zum Dreißigjährigen Krieg an.

Die Bildpostkarte von Welshofen wurde im Jahr 1907 vom Verlag N. Baumann (Altomünster) im Buchdruck (dunkelbraune Druckfarbe) gefertigt. Unter einer Gesamtansicht des Ortes sind in drei Vignetten die Abbildungen von Kirche, Pfarrhof und Wirtshaus angeordnet.

Um 1079 gab es in Welshofen, damals Welfeshofen, Ortsadel, einen Odilschalch. Später war hier wittelsbachischer Besitz. Bereits im Jahre 1315 wird die Pfarrkirche St. Peter genannt. 1704 wurde der Ort von den Engländern und Holländern niedergebrannt.

Auf dieser Chromolithographie des Verlages Franz S. Lohmaier (Haimhausen) sind eine Ortsansicht von Haimhausen im Querformat und das Schloß Haimhausen, der Weiler Maisteig und das Dorf »Innhausen« in Vignetten dargestellt. Die Karte wurde am 17. Dezember 1899 abgestempelt.

Maisteig, erstmals 1606 genannt, hatte ein Zollhaus. In der im Jahr 1703 erbauten Tafernwirtschaft übernachtete einst Johann Wolfgang von Goethe.

Diese Lichtdruck-Ansichtskarte (blau; Schrift roter Buchdruck) vom Schloß Haimhausen stammt von einem unbekannten Verlag und wurde am 23. November 1898 nach München abgeschickt.
Das Schloß Haimhausen in seiner heutigen Form entstand im Jahre 1754 unter François Cuvilliés, Auftraggeber war Reichsgraf Karl Ferdinand Maria von und zu Haimhausen, dessen Bruder Reichsgraf Sigmund von und zu Haimhausen als letzter der Viepecks 1775 den Besitz Haimhausen übernahm. Das von 1892 bis 1983 im Besitz der Familie Haniel befindliche Schloß wurde von den neuen Besitzern gründlich renoviert und wird nunmehr von ihnen selbst bewohnt.

Vier Vignetten mit bedeutenden Gebäuden und ein Paar in Dachauer Tracht gruppieren sich hier um eine Ortsansicht von Haimhausen aus der Vogelperspektive. Die aufwendig gestaltete Chromolithographie wurde vom Verlag Seb. Feldhofer (Haimhausen) hergestellt und am 7. März 1898 abgestempelt.
Nördlich von Haimhausen zog die Römerstraße Petersberg–Freising vorbei. Im Jahre 772 wird der Ort Heiminhusir erstmals genannt. Nach dem Aussterben eines Ministerialengeschlechts der Grafen von Scheyern-Dachau war Haimhausen längere Zeit in herzoglichem Besitz. 1593 wurde es durch Herzog Wilhelm V. an den Rentmeister und Hofkammerrat Theodor Viehbeck verliehen, dem Stammvater der späteren Grafen von Haimhausen. 1793 kam der Ort durch Erbschaft an die Grafen Butler-Clonebourgh und 1892 an die Familie Haniel.

Diese Lichtdruck-Ansichtskarte (braune Druckfarbe) von Haimhausen weist die damals häufige Dreiteilung auf, die ein Höchstmaß an Information ermögliche. Unter der Gesamtansicht des Ortes aus der Vogelperspektive befinden sich zwei Ansichten von einzelnen Gebäuden, dem Schloß und der Wirtschaft zur Klause. Die Karte wurde vom Verlag Photo-Hofmann (Dachau) gedruckt. Allerdings ist unbekannt, wann sie in Umlauf kam, da sie nie abgesandt wurde und kein Herstellungsdatum vermerkt ist.

Gruß aus Amperpettenbach

Auf der Lichtdruckkarte aus Amperpettenbach, die vom Verlag G. Beinrucker (Schönbrunn) um 1920 hergestellt wurde, sind ein einzelnes Bauernhaus und die Kirche abgebildet.
Es war damals üblich, die Dienstboten eines Bauern – als mit zum Hof gehörig – ebenfalls abzulichten; allerdings in gebührendem Abstand zur Bauernfamilie. Die hier im Vordergrund stehenden Menschen scheinen also eine Großfamilie zu sein.
Die katholische Filialkirche St. Martin, im Kern ein romanischer Bau, um 1500 gotisiert, steht unter Denkmalschutz.

Dieser »Gruss aus Hebertshausen« stellt nicht allein Gebäude in Hebertshausen dar, sondern auch andere Bauwerke in der näheren Umgebung des Ortes. Die acht Ansichten wurden im Lichtdruck (blaue Druckfarbe, Schrift roter Buchdruck) auf die Karte gebracht, die vom Verlag G. M. Beinrucker (Schönbrunn) produziert wurde und am 20. August 1908 abgesandt wurde.

1292 gab es in Hehrbrechtshusen bereits die Pfarrkirche St. Georg. Teile des Langhauses, im Jahr 1888 nach Westen verlängert, stammen aus dieser Zeit. Die Kirche steht heute unter Denkmalschutz. Das Hofmarkschloß Deutenhofen, jetzt das Kreisaltersheim, ein dreigeschoßiger Bau mit Achteckturm an der Südwestseite, steht ebenfalls unter Denkmalschutz.

Die Lichtdruckkarte aus Ampermoching zeigt in der oberen Bildhälfte eine Ortsansicht – die Kühe wurden übrigens später hinzugefügt – und darunter zwei einzelne Gebäude. Der Verlag G. Beinrucker (Schönbrunn) stellte die Karte her, die am 9. Oktober 1914 von der Post in Ampermoching – die auf der Abbildung rechts unten zu erkennen ist – als Feldpostkarte befördert wurde. Damit ging ein Gruß aus dem überwiegend bäuerlichen Dorf an die Pension Schmid nach München mit dem Vermerk »Habe heute einen Reisemarsch über Dachau nach Ampermoching, das sind 50 Kilometer. (…)«.

Am 4. November 1898 ging dieser Gruß aus Deutenhofen auf die postalische Reise. Auf der Ansichtskarte des Verlags G. M. Beinrucker (Schönbrunn), die im Lichtdruck (Schrift blauer Buchdruck) bedruckt wurde, sind eine Ortsansicht im Querformat und darunter das Schloß Deutenhofen abgebildet.

In Deutenhofen wurde ein Schwert aus der Bronzezeit gefunden. Titinhoua wird erstmals 926 urkundlich erwähnt. Der Ort hatte ein Dorfgericht und war Sitz und Sedl verschiedener Geschlechter. Der Raum der ehemaligen Schloßkapelle ist noch an dem Deckenstuck aus dem 17. Jahrhundert zu erkennen.

Diese Hauskarte aus Prittlbach, ein kolorierter Lichtdruck des Verlags A. v. Hofmann (Dachau), wurde am 10. Juni 1930 nach Vorarlberg abgesandt. Dargestellt sind eine Ortsansicht von Prittlbach und das Gasthaus von Georg Wallner.

Der Verlag G. Beinrucker (Schönbrunn) stellte diese Lichtdruck-Bildpostkarte von Unterweilbach aus acht Motiven zusammen. Neben einer Gesamtansicht und mehreren Teilansichten aus dem Ort ist auch die Haltestelle Walpertshofen abgebildet. Die Karte wurde am 14. April 1914 abgestempelt.

In Unterweilbach, wo sich das Schloß der Grafen von Spreti befindet, wurden Reste einer römischen Villa freigelegt. 802 wird der Ort Uuilpah, was soviel wie Siedlung am Landgut-Bach bedeutet, genannt. Der Name Weilbach könnte daher abgeleitet sein.

Eine bayerische Fünfpfennigmarke trägt diese Ansichtskarte von Walpertshofen, die von der Kgl. Bayer. Bahnpost am 28. August 1911 abgestempelt wurde. Der Verlag G. Beinrucker (Schönbrunn) fertigte die Lichtdruckkarte, auf der sechs Motive aus Walpertshofen abgebildet sind.

Die Kapelle in der Bildmitte oben ist ein Zentralbau aus der Zeit um 1890 und St. Maria geweiht. Das Bauwerk steht unter Denkmalschutz.

Dorfansicht — **Gruß aus Hilgertshausen**

Straßenpartie mit Pfarrhof

Ziegelei

Diese Lichtdruck-Bildpostkarte (Schrift brauner Buchdruck) aus Hilgertshausen wurde vom Verlag E. Kost (München) hergestellt. Sie zeigt die gängige Dreiteilung mit der Gesamtansicht des Ortes in der oberen Bildhälfte und zwei Teilansichten in der unteren, wobei hier die Begrenzung des rechten Bildes zur Abwechslung bogenförmig abgerundet ist. Die Karte wurde am 1. Juni 1913 abgeschickt.

Die Ortschaft Hilgertshausen war sicherlich schon im frühen Mittelalter ein wichtiger Ort, denn bereits 849, sechs Jahre nach dem Erwerb von dem Edlen Balderich, hielt Bischof Erchanbert von Freising hier, in »Helidkereshusir« einen Gerichtstag ab. Der Name wird zurückgeführt auf einen Helidker, der den Ort durch seine Ansiedlung gründete.

Die handkolorierte Autotypie »Gruß aus Tandern« des Verlags Peter Vollmair (Tandern) wurde im Jahr 1910 produziert und am 6. Mai 1914 gestempelt. Darauf sind eine Ortsansicht und zwei Straßenzüge dargestellt.

Diese Bildpostkarte von Karlsfeld wurde im Lichtdruck vom Verlag L. Gabler (Dachau) hergestellt und am 9. Mai 1900 versandt. Die linke Abbildung zeigt die Tafernwirtschaft, die rechte einen Teil der Dorfstraße, heute die stark befahrene Verbindungsstraße nach München.

Gruß aus Karlsfeld — **Partie mit Bad Karlsfeld**

Gast- u. Tafernwirtschaft v. Aug. Scherm — **Schloß Waldeck** — **Handlung v. J. Eckerl**

Eine Häuserzeile in Karlsfeld im Querformat und drei bedeutende einzelne Bauwerke gibt diese Lichtdruckkarte des Verlags E. Kost (München) wieder, die am 27. November 1913 gelaufen ist.
Der Name Karlsfeld taucht gemeinsam mit den Namen der Nachbarortschaften, den späteren Gemeinden Ludwigsfeld und Augustenfeld, erstmals im Jahr 1802 auf. Karlsfeld wurde nach dem zweitältesten Sohn des damaligen Kurfürsten Max IV. Joseph, Prinz Karl Theodor, benannt. Heute ist Karlsfeld nach der Großen Kreisstadt Dachau die größte Gemeinde des Landkreises Dachau.

Diese Fotokarte vom Obergrashof, die nie versandt wurde, trägt den handschriftlichen Vermerk »am 13. IX. 1900«. Die Randleisten und der Schriftzug »Gruss vom Obergrashof« wurden manuell aufgetragen; der Verlag ist unbekannt. Die beiden Detailansichten zeigen den Obergrashof, der früher zur Gemeinde Augustenfeld gehörte und heute der Gemeinde Karlsfeld angeschlossen ist.

Drei Ansichten aus Markt Indersdorf zeigt diese Chromolithographie des Verlags Joh. Holdenried (Hohenkammer) aus der Zeit um 1900.
Die reizvolle Landschaft um Markt Indersdorf zog schon früh die ersten Siedler an. Hügelgräber der Kelten aus der Zeit 500–150 v. Chr. und Funde aus der Römerzeit deuten auf eine frühe Besiedlung. Im Jahre 972 erfolgt die erste urkundliche Erwähnung des Ortes. 1130 verschenkte Otto von Undiesdorf den Ort an das Kloster mit der Bedingung, den Ortsnamen und das Wappen – zwei Löwen mit verschränkten Schwänzen – »für ewige Zeiten« beizubehalten. Die kontinuierliche Entwicklung ist eng mit der Geschichte des Klosters Indersdorf verbunden.

Gruss aus Indersdorf — Marktplatz

Verlag Ph. Lobenschuss, Kloster Indersdorf 7969 Ges. gesch.

Dieser am 15. September 1902 abgestempelte »Gruss aus Indersdorf« mit Blick auf den Marktplatz stammt vom Verlag Ph. Lobenschuss (Kloster Indersdorf). Die handkolorierte Autotypie wurde zusätzlich mit einer Goldfolie versehen, die mittels Buchdruck auf die Fenster der abgebildeten Häuser geprägt wurde.

Am Markt befindet sich ein schönes Ladengebäude in einem heimatverbundenen, aber durchaus eigenständigen Stil, wie er um 1900 propagiert wurde.

Vier Ansichten von Ainhofen zeigt diese Lichtdruckkarte (Schrift roter Buchdruck) vom Verlag J. Schmid (Ainhofen), die am 8. September 1902 nach Dachau gesandt wurde.
Eine stillende Madonna zeigt die nur 40 Zentimeter große Altarfigur, aus Lindenholz geschnitzt, in der Ainhofener Kirche »Zu unserer lieben Frau«. Man vermutet, daß sie um 1150 hierher kam, aber ursprünglich aus einem Elsässer Kloster stammt. Die romanische Skulptur soll nicht nur die älteste im Gebiet der Diözese München-Freising, sondern in ganz Bayern sein.

Der Verlag G. M. Beinrucker (Schönbrunn) publizierte diese Ansichtskarte. Im Lichtdruckverfahren (Schrift roter Buchdruck) wurden auf ihr acht verschiedene Motive aus Glonn abgebildet. Am 26. Oktober 1904 wurde die Karte in Indersdorf abgestempelt und am 28. Oktober 1904 in einem Münchner Postamt in Empfang genommen.

Der Ort Glonn wird bereits 774 als Clanae im Huosigau genannt. Um 800 schenkten Onolf und sein Sohn Hrodin die Ansiedlung dem Freisinger Dom. Das spätere Dorfgericht wurde 1439 von Paul von Weichs dem Kloster Indersdorf verkauft und zur Klosterhofmark erhoben. Die Kirche ist St. Emmeram geweiht. Von ihrer Ausstattung sind besonders die Reliefs der Emmeramslegende aus dem 18. Jahrhundert und eine Pietà aus der Zeit um 1400 zu erwähnen.

Diese Hauspostkarte aus Hirtlbach, ein handkolorierter Lichtdruck, wurde vom Verlag Spegel u. Mang (Augsburg-Oberhausen) ediert. Sie wurde am 31. Dezember 1912 mit Neujahrswünschen an den »Wohlgeborenen Herrn Johann Schräfl, Schlossermeister« in Taxa, gesandt.

Die Chromolithographie »Gruss aus Kloster Indersdorf« verwirklicht die oft verwendeten Gestaltungsprinzipien: eine Ortsansicht im Querformat, darunter zwei Teilansichten von bedeutenden Gebäuden in Vignetten und Blumen und Ornamente als Dekoration. Der Verlag Lobenschuss (Kloster Indersdorf) druckte diese Karte, die am 24. Oktober 1905 nach Augsburg ging.

Auf der Karte ist folgendes zu lesen: »Meine Lieben. Bei herrlichem Wetter hier kann ich Euch mitteilen, daß ich sowohl in München wie hier famoses Geschäft gemacht habe. Ich war gestern nachm. beim Onkel in München. Gesund sind sie alle und lassen Euch grüßen. Herzliche Grüße Euer Karl.«

Diese Lichtdruckkarte mit Sicht auf das Kloster Indersdorf entstand beim Verlag Lobenschuss (Kloster Indersdorf) und wurde am 25. Juli 1908 beschriftet.

Ein bedeutsames Ereignis für die Geschichte von Indersdorf war die Gründung des Augustinerklosters durch Pfalzgraf Otto IV. von Scheyern. Otto IV. hatte an dem Feldzug Kaiser Heinrichs V. im Jahre 1111 teilgenommen, bei dem Papst Paschalis II. gefangengenommen worden war. Durch ein Schreiben wurde ihm zu seinem Seelenheil empfohlen, ein Kloster zu gründen.

Langenpettenbach.

Kirche. **G'schwendtnerische Gasthäuser.**

Eine Ortsansicht von Langenpettenbach und drei wichtige Gebäude sind auf dieser Bildpostkarte abgebildet. Der handkolorierte Lichtdruck wurde um 1915 bei einem unbekannten Verlag hergestellt und am 17. April 1917 abgestempelt.

Langenpettenbach wurde 773 als Pettinpah mit einer Michaelskirche erstmals erwähnt. Die heutige Pfarrkirche enthält den spätgotischen Bau als Querschiff. Das jetzige Hauptschiff entstand im Jahr 1848. Mitte der sechziger Jahre unseres Jahrhunderts wurde der Pfarrhof mit dem großen Walmdach und sieben Fensterachsen abgerissen. Das Haus war zwischen 1728 und 1748 gebaut worden.

Diese Lichtdruckkarte zeigt fünf Ansichten von Niederroth und wurde vom Verlag G. M. Beinrucker (Schönbrunn) produziert. Die am 17. Oktober 1901 versandte Karte ging nach Luxemburg.

849 wird Rota prope rota mit einer Marienkirche genannt. Der Ort Niederroth gehörte später bis 1803 zum Kloster Rott am Inn. Die Pfarrkirche St. Georg ist im Kern wohl noch romanisch, wurde aber im 18. Jahrhundert stark verändert. Der alte Pfarrhof, Anfang des 18. Jahrhunderts erbaut, wurde 1953 abgerissen.

Ort, Pfarrhof und Kirche von Westerholzhausen sind auf dieser Lichtdruckkarte abgebildet, die bei einem unbekannten Verlag entstand und am 11. Juni 1909 bei der Post in Indersdorf aufgegeben wurde.

Die Pfarrkirche St. Korbinian wurde nach 1750 stark verändert, im Jahr 1861 um vier Meter nach Westen verlängert und mehrfach restauriert. Südlich des Ortes befindet sich eine Doppelschanze; auch Münzen aus der Römerzeit wurden hier am Hügel Buchscharn gefunden.

Diese eindrucksvolle, von Künstlerhand geschaffene Chromolithographie zeigt das Schloß Odelzhausen um die Jahrhundertwende. Die Bildpostkarte des Verlags L. Asum (Odelzhausen) wurde am 17. Juli 1901 gestempelt.

Die alte Burg stammte aus dem 12. Jahrhundert und wurde 1457 und nach 1633 umgebaut beziehungsweise erneuert. Durch den Umbau der Grafen Minucci in den Jahren 1720–1730, bei dem François Cuvilliés beteiligt gewesen sein soll, erhielt sie einen schloßartigen Charakter. Durch Abbruch und einen Erdrutsch (1936) verschwanden die Hauptteile des Schlosses.

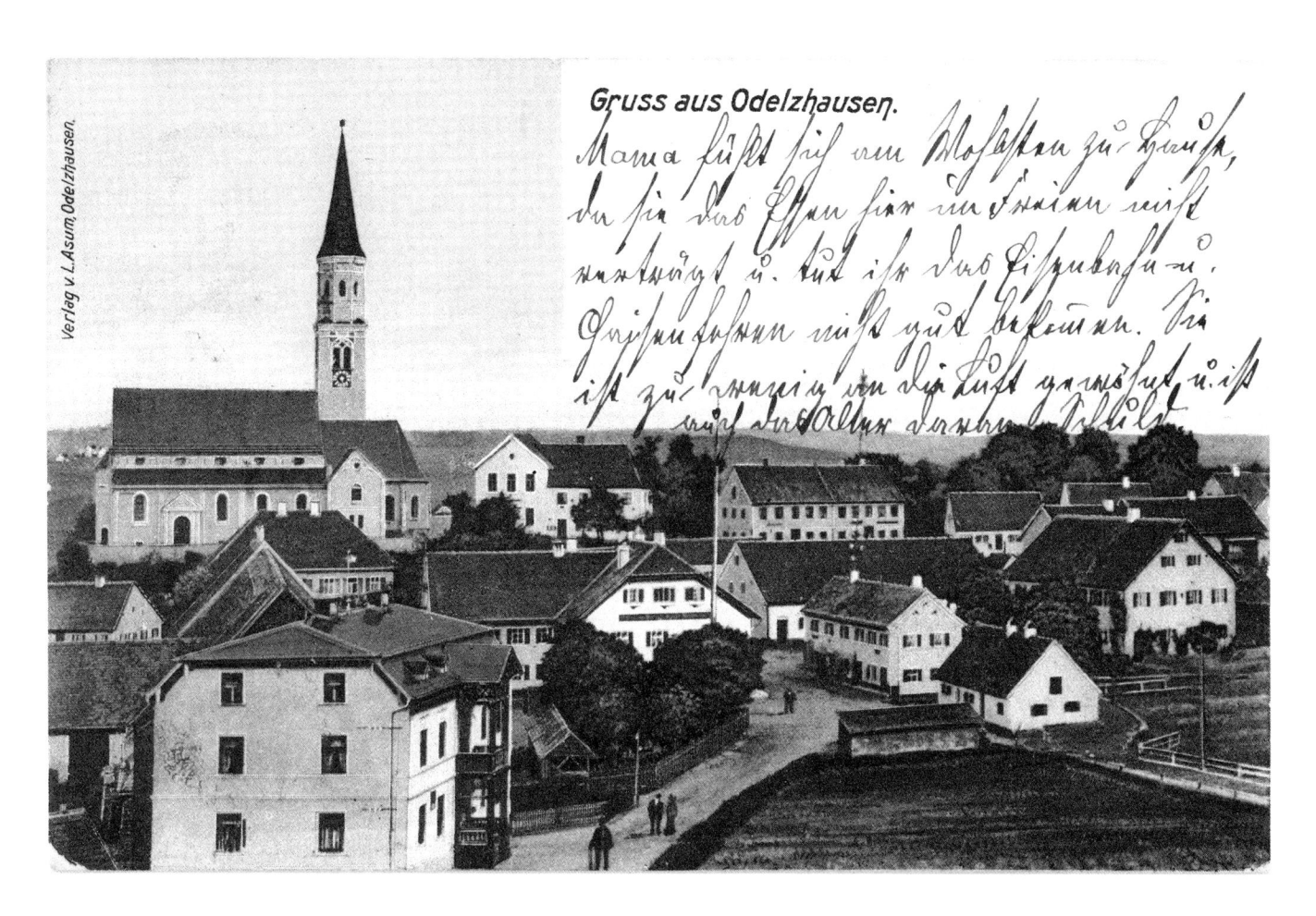

Auf dieser Ansichtskarte, die am 24. Juli 1907 abgesandt wurde, ist der Ortskern (Marktplatz) abgebildet. Sie wurde als Chromolithographie, die über eine schwarze Autotypie gedruck wurde, vom Verlag L. Asum (Odelzhausen) hergestellt.

Der Verlag Asum fertigte von Odelzhausen Karten in den verschiedensten Aufmachungen. Neben einem Schreib-, Kolonial- und Spielwarenladen betrieb die Familie Asum auch noch eine Buchbinderei und eine Druckerei.

Diese Lichtdruckkarte (Schrift brauner Buchdruck) mit drei Ansichten von Odelzhausen war am 24. Juni 1902 unterwegs. Sie entstand beim Verlag L. Asum (Odelzhausen) und diente für eine schriftliche Mitteilung an eine Gastwirtstochter in Hausen bei Geltendorf (Kreis Fürstenfeldbruck). Ein Johann Winterholler verbindet seinen Gruß aus Odelzhausen sehr poetisch mit folgenden lieben Worten: »Ich sende Dir diese Ansichtskarte hier und denke gerade an Dich, weil ich Dich nicht vergessen kan.«

Handlung v. Gregor Obermair Schloss Taxa

Gruss aus ODELZHAUSEN

Eine Ortsansicht von Odelzhausen und zwei Teilansichten sind auf dieser Bildpostkarte abgebildet, einem handkolorierten Lichtdruck des Verlags Hans Pernat (München). Die Karte wurde 1915 gedruckt, aber erst 1923 versandt.

Der Ort Odelzhausen erscheint erstmals im Jahre 814 als Otolteshusir (Häuser des Otolt). Der Adelssitz fiel im 14. Jahrhundert den Eisenhofenern zu, kam bald nach 1400 in den Besitz der Herzogin Elisabeth von Bayern, um 1450 in den der Auer von Pullach, denen die Sorge für den Verkehr nach Augsburg oblag. Von Odelzhausen aus vollzog sich die Gründung des einst weithin berühmten Klosters Taxa, von dem heute nichts mehr steht, so gründlich hat man 1803 hier säkularisiert.

Aus dem Jahr 1899 stammt diese Ansichtskarte von Odelzhausen. Sie wurde vom Verlag E. Keppler (München) im Lichtdruck (blaue Druckfarbe) produziert.

Wie ein mahnendes »Sursum corda« (Himmelwärts die Herzen) grüßt schon von weitem der Kirchturm von St. Benedikt damals wie heute in die Landschaft, dem welligen Gebiet zwischen der schwäbisch-bayerischen Hochebene. Die seinerzeit noch freien Grünflächen sind heute freilich alle mit Wohn- und Geschäftshäusern bebaut.

Schloß Odelzhausen.   *Herzlichen Glückwunsch zum Jahreswechsel!*

Mit einem herzlichen Glückwunsch zum Jahreswechsel von 1905 auf 1906 wurde diese Ansichtskarte mit Blick auf das Schloß Odelzhausen versandt. Der Verlag Ottmar Zieher (München) stellte diese Karte im Lichtdruck (Schrift roter Buchdruck) her.

Daß im Schloß Odelzhausen seit alten Zeiten Bier gebraut wird, bezeugt eine Schrift aus der Mitte des 15. Jahrhunderts, in der die Odelzhausener Brauerei zum ersten Mal erwähnt wird.

Mit Ornamenten des Jugendstils ist diese 1899 gelaufene Ansichtskarte von Ebertshausen geschmückt. Sie wurde vom Verlag N. Baumann (Altomünster) im Lichtdruck (Schrift roter Buchdruck) gefertigt. Die obere Totale zeigt eine Ansicht des Ortes, die beiden kleineren Aufnahmen die wichtigsten Gebäude.

Ebertshausen hat sich bis heute kaum verändert. Die Pfarrkirche St. Benedikt, im Kern spätgotisch, 1863 und 1896 wesentlich erneuert, steht unter Denkmalschutz; ebenso das alte Schulhaus mit flachem Walmdach und Architekturgliederung aus der zweiten Hälfte des 19. Jahrhunderts.

Diese Karte des Verlags Frenz & Co. (München) gibt in der typischen Dreiteilung einen Blick auf Sittenbach in der oberen Bildhälfte und zwei andere Motive aus dem Ort darunter wieder. Der »Gruss aus Sittenbach« wurde nach einer Zeichnung im Lichtdruckverfahren angefertigt und handkoloriert. Der Text der am 11. August 1912 aufgegebenen Karte vermittelt »Herzliche Grüße aus dem Manöver«.

Die Gemeinde Sittenbach kam 1972 aus dem Landkreis Friedberg zum Landkreis Dachau. Der Ort wurde 1976 der Gemeinde Odelzhausen eingegliedert. Eindrucksvoll liegt die katholische Kirche St. Laurentius über dem Glonntal. Die schöne Stukkatur in Chor und Schiff fertigte F. X. Feichtmayr im Jahre 1760. Der prunkvolle Hochaltar stammt aus der Zeit um 1755. Er zeigt eine Figur des hl. Laurentius, darüber befindet sich eine Statue des hl. Michael, beide mit starken Anklängen an Arbeiten aus der Werkstatt Luidl.

Von einem unbekannten Verlag wurde diese Lichtdruck-Ansichtskarte (Schrift brauner Buchdruck) von Petershausen gefertigt, die 1905 in Umlauf war. Unter einer Gesamtansicht des Ortes sind drei Vignetten mit einzelnen Bauwerken und einem Straßenzug angeordnet.

In der Nähe des Ortes befinden sich alte Grabhügel. Um 1100/1130 tritt hier der Ortsadel mit Eberhard von Perhtricheshuson auf. Im 18./19. Jahrhundert war Petershausen Sitz eines Dachauer Unteramtes. Im Chor der Pfarrkirche St. Laurentius kann man ein Deckenfresko mit einer Darstellung der Marter des Laurentius aus dem 18. Jahrhundert sehen; in derselben Zeit dürften die Apostelbilder an der Empore entstanden sein.

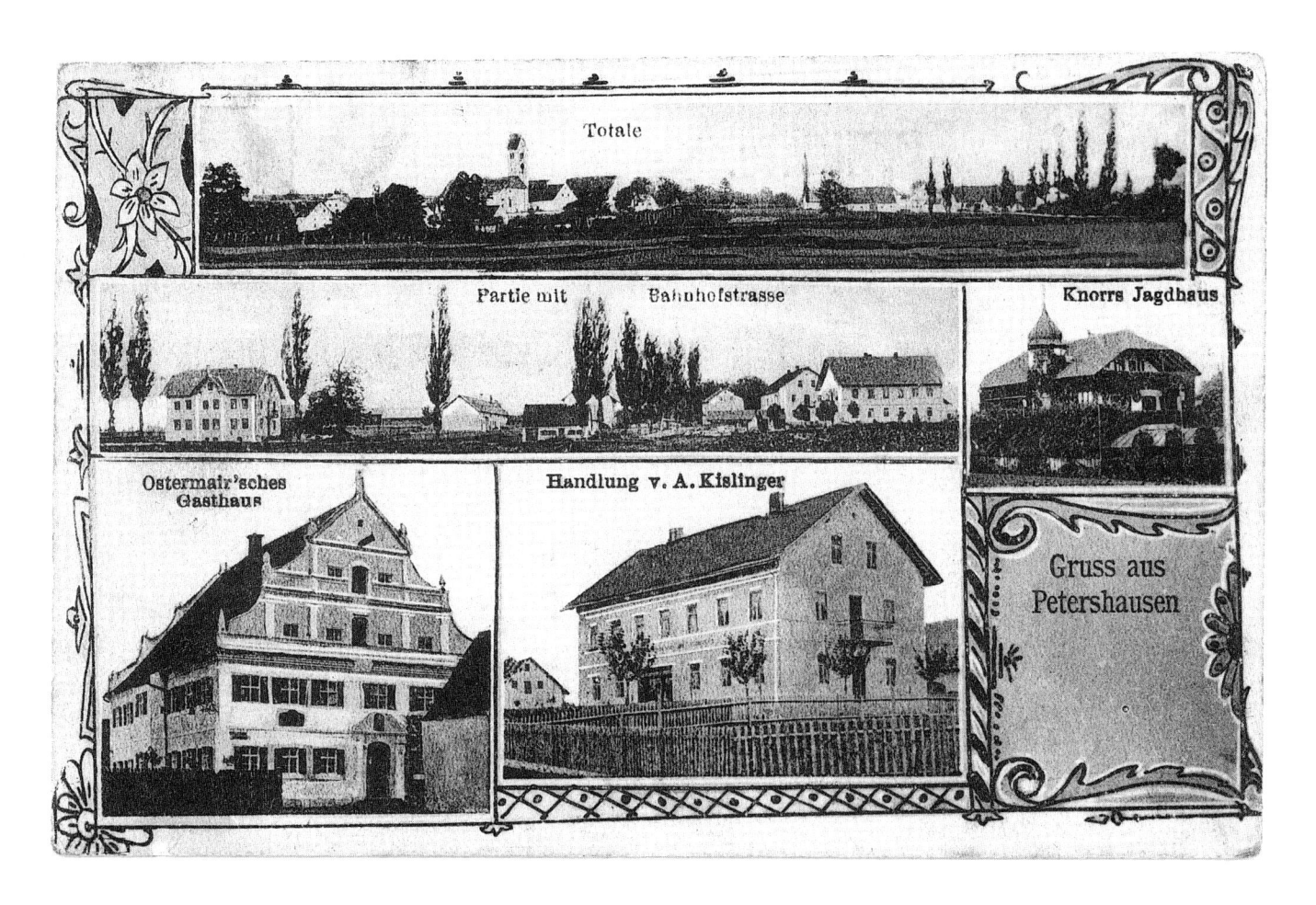

Fünf Ansichten aus der Zeit kurz nach der Jahrhundertwende zeigt diese Jugendstilkarte »Gruss aus Petershausen«. Verbunden werden die Ansichten durch ein florales Ornament. Von einem unbekannten Verlag im Lichtdruckverfahren hergestellt, wurde die Karte am 1. August 1907 abgeschickt.

Für die bauliche Ausgestaltung des Ortes mag nicht zuletzt das prächtige alte »Ostermair'sche Gasthaus« mit seinem schönen Barockgiebel maßgebend gewesen sein. Heute befindet sich die Sparkasse in dem von Grund auf renovierten Gebäude, das noch aus der Zeit des 17. Jahrhunderts stammt und unter Denkmalschutz steht.

Gruss aus Petershausen

Verlag von Gebr. Gruber, München.

In den letzten Jahren des vorigen Jahrhunderts wurde dieser Lichtdruck (Schrift roter Buchdruck) mit einer Ansicht von Petershausen durch den Verlag Gebrüder Gruber (München) angefertigt.

Die Aufnahme weist einen ziemlichen Weitwinkeleffekt auf. Die landschaftlich reizvolle Lage von Petershausen inmitten eines lieblichen Hügellandes ist gut zu erkennen.

Glonnpercha

Diese Lichtdruckkarte von Glonnbercha wurde vom Verlag Hans Pernat (München) nach einer Zeichnung angefertigt. Sie wurde am 3. Januar 1916 beschriftet, aber nie abgesandt.
In Glonnbercha lebte fast ein halbes Jahrhundert als Vikar des Klosters Pater Augustin Michel (um 1660–1751), der namhafte Schriften über Kirchenrecht und Homiletik verfaßte. Die Filialkirche Mariä Verkündigung hat einen gotischen Chor, dessen Fresken erst in den sechziger Jahren unseres Jahrhunderts wieder entdeckt wurden. Sie stammen aus der Zeit um 1460. Die Malerei auf der Empore ist mit 1577 bezeichnet.

Im Jahre 1904 wurde diese Lichtdruckkarte von Kollbach (Schrift roter Buchdruck) vom Verlag G. M. Beinrucker (Schönbrunn) produziert und versandt. Neben einer Ortsansicht sind auf ihr fünf Teilansichten abgebildet.

Um 1006 wird Kollbach als Cholapach erstmals genannt, später gelangte es in den Besitz des Klosters Ilmmünster. 1498 kam Kollbach bei Auflösung des Klosters Ilmmünster an das Liebfrauenstift in München. Im Dreißigjährigen Krieg sollen im Ort alle Bewohner ermordet worden sein. Die Pfarrkirche St. Martin steht vielleicht auf dem Platz der ehemaligen Burg, die katholische Frauenkirche Mariä Geburt wurde nach Überlieferung im Jahr 1288 geweiht und steht unter Denkmalschutz. Am Hochaltar (1709) befindet sich neben einer Marienfigur eine Plastik des hl. Donatus von 1716.

Mit der Gabelsbergerkurzschrift wurde diese Ansichtskarte von Lindach bei Petershausen beschriftet und im Jahr 1930 bei der Post aufgegeben. Sie wurde von einem unbekannten Verlag als Lichtdruck (dunkelgrüne Druckfarbe) hergestellt.

1383 verkauft Heinrich von Röhrmoos das Gut der Kinder Heinrichs von Daxberg zu Lintach dem Kloster Indersdorf. Die 1872 erbaute Hofkapelle enthält einen aus einer Münchner Hauskapelle stammenden Altar aus der Zeit um 1750 mit einem guten Bild vom Tode Josefs und einem Reliquienschrein der hl. Johanna Franziska von Chantal (1572–1641).

Diese Lichtdruckkarte (Schrift roter Buchdruck) zeigt den Ort Pfaffenhofen an der Glonn in der Zeit um 1914 (Datum des Poststempels). Unter der Gesamtansicht des Ortes sind die drei signifikantesten Gebäude nebeneinander angeordnet. Schon damals war es für den Gast eines Gasthofes üblich, das Zimmer, in dem er wohnte, besonders zu kennzeichnen.

Die Pfarrkirche St. Michael ist spätgotisch und wurde 1720 im barocken Stil umgebaut. Der Pfarrhof – in Mitte der unteren Bildleiste – wurde 1620 erbaut (ehemaliges Schlößchen) und hundert Jahre später im wesentlichen erneuert. Er ist in die Denkmalschutzliste aufgenommen.

Gruß aus Egenburg — **Totalansicht**

Wirtschaft von Joh. Staffler — **Krämerei von Max Zeiler** — **Pfarrhof**

Eine Totalansicht und drei Teilansichten von Egenburg sind hier abgebildet. Die in einem komplizierten Druckverfahren produzierte Ansichtskarte (Chromolithographie, Schwarz im Lichtdruck, Schrift im Buchdruck) entstand um 1910.

Das Pfarrhaus in Egenburg wurde 1782 erbaut und zählt zu den ältesten Wohngebäuden des Dorfes. In der Zeit von 1792–1816 wurde es von dem heiligmäßigen Pfarrer Karl Seel bewohnt. Er besuchte zu mitternächtlicher Stunde die Kirche zum Beten und soll immer gewußt haben, wer als nächster aus der Pfarrei sterben würde.

Der »Gruß aus Röhrmoos« stammt genau von der Jahrhundertwende und zeigt nicht nur Gebäudeansichten des Ortes, sondern spiegelt auch die damalige Mode wider. Durch ein florales Ornament sind die Ansichten dieser Jugendstilkarte – vom Verlag G. M. Beinrucker (Schönbrunn) im Lichtdruck hergestellt – kunstvoll verbunden.

Das ehemalige Schulhaus mit Putzbandgliederung wurde 1799 erbaut und steht unter Denkmalschutz.

Am 19. August 1900 wurde diese Lichtdruckkarte (Schrift blauer Buchdruck) abgestempelt. Ungewöhnlicherweise sind hier nur Ansichten von einzelnen Gebäuden und einem Straßenzug, aber keine Ortsansicht dargestellt. Die Karte wurde vom Verlag G. M. Beinrucker (Schönbrunn) gedruckt.
Bischof Josef von Freising (747–764) erbaute in Biberbach eine Kirche, die 806 Erzpriester Ellanod, berufener Abt von Kloster Schlehdorf, als Vertreter Freisings von den Edlen Mochingera zurückforderte, die sie als Eigentum beanspruchten. Während einer Hochzeit wurden im Jahr 1836 durch Brand zwölf Wohnhäuser und acht Scheunen eingeäschert. Das Gasthaus mit Schopfwalmdach aus dem 18./19. Jahrhundert steht unter Denkmalschutz. Die katholische Filialkirche, ein spätgotischer Bau, ist St. Martin geweiht.

Im braunen Lichtdruck wurde diese Karte von Großinzemoos beim Verlag G. Beinrucker (Schönbrunn) hergestellt. Auf ihr sind sechs einzelne Bauwerke rund um ein Ortspanorama angeordnet. Die Postkarte wurde am 5. August 1925 geschrieben.

779 wird der Ort Großinzemoos mit einem Bethaus erstmals erwähnt, das der Freisinger Kirche geschenkt worden war. Im Spanischen Erbfolgekrieg 1704 wurde der Ort vollkommen zerstört. Die spätromanische Chorturmkirche ist St. Georg geweiht. Das Gasthaus mit Halbwalmdach stammt aus dem 18. Jahrhundert und steht heute noch.

4678 G. M. Beinrucker, Schönbrunn. 1905.

Gruß aus Bad Mariabrunn.

Ein »Gruß aus Bad Mariabrunn« sollte mit dieser Lichtdruck-Ansichtskarte in die Welt verschickt werden. Allerdings wurde sie nie abgesandt. Die Postkarte, auf der die ehemalige Wallfahrtskirche Mariä Verkündigung abgebildet ist, wurde 1905 beim Verlag G. M. Beinrucker (Schönbrunn) angefertigt.

Das einst weltberühmte Bad Mariabrunn ist heute ein beliebtes Ausflugsziel mit gemütlichem Biergarten. Durch seine Quelle war der Ort seit 1670 als Heilbad bedeutend.

Neben einer Ansicht von Bad Mariabrunn sind hier zwei mehr oder weniger bedeutende Persönlichkeiten aus dem Ortsgeschehen wiedergegeben. Die Lichtdruckkarte (Schrift roter Buchdruck) wurde vom Verlag G. M. Beinrucker im Jahr 1905 produziert und im darauffolgenden Jahr abgesandt.

Bereits 1662 hatte ein Holzhauer von Ampermoching wiederholt von einer hier zutagetretenden Quelle getrunken und Heilung von seinem Bruchleiden erlangt. Das schuf die Grundlage für das »Wildbad«, das nach einem Bildstock zu Ehren Mariens Mariabrunn, vom Volk kurzwegs »Bründl« genannt wurde. Hier lebte auch die sogenannte Doktorbäuerin Amalie Hohenester, die mit ihrem Badebetrieb Weltruhm erlangt. Sie starb am 24. März 1878.

Anstalt Schönbrunn, Station Röhrmoos

Aus den zwanziger Jahren stammt diese idyllische Ansichtskarte von Schönbrunn. Sie wurde vom Verlag G. Beinrucker (Schönbrunn) als Lichtdruck (braune Druckfarbe) gedruckt.
Seit dem Jahr 1862 wird in den ehemaligen Schloßräumen in Schönbrunn von den Dienerinnen der Göttlichen Vorsehung eine Pflege- und Erziehungsanstalt unterhalten. Wegbereiterin für diese Nutzung der Schloßanlage war Gräfin Victorine von Buttler-Clonebourgh, die 1862 das Schloßgut und das Scharlbauernanwesen erwarb. Ihr Ziel war die Einrichtung einer Anstalt zur Aufnahme geistig und leiblich armer Individuen. Bis auf den heutigen Tag dient der ehemalige Schloßkomplex diesem sozialen Zweck.
Der Ort selbst wird 804 Prunna genannt, 895 Penninprunna, was soviel wie »der Brunnen oder die Quelle des Benno« bedeutet.

Sechs Ansichten von Schwabhausen zeigt diese in ungewöhnlicher Art unterteilte Bildpostkarte des Verlags August Zerle (München). Die Lichtdruckkarte (Schrift brauner Buchdruck) wurde am 18. August 1917 abgestempelt.

In einem Heimatgedicht des Schwabhausener Hauptlehrers Ludwig Kandler aus dem Jahre 1920 heißt es unter anderem: »Nun naht sich goldner Zeiten Lauf, Papst Pius sucht das Dörflein auf und zieht in Frieden wieder fort, so steht's auf Stein beim Wirte dort.« Am 2. Mai 1782 hielt sich Papst Pius VI. anläßlich seiner Durchreise nach Frankfurt zur Kaiserkrönung hier kurz auf.

Diese handkolorierte Lichtdruckkarte aus Arnbach wurde vom Verlag E. Kost (München) ediert und am 13. September 1910 geschrieben.

Der Ort Arnbach hatte einen ehemaligen Herrensitz, ist aber heute ohne Schloß. Grabsteine der Urfahrer und Gepeckh in der Kirche St. Nikolaus von Myra, erstmals 1388 genannt, erinnern noch daran.

Bis heute hat der Ort seinen dörflichen Charakter weitgehend erhalten. Die Bäckerei und Handlung Johann Wallner, auf der Karte links unten abgebildet, ist 1928 abgebrannt.

Die Ansichtskarte von Oberroth, die im Jahre 1919 postalisch unterwegs war, zeigt wieder die damals typische Dreiteilung mit einer Ortsansicht im Querformat oben und zwei Teilansichten unten. Die bogenförmige Begrenzung der rechten Abbildung scheint ein Herstellungsmerkmal des Verlags E. Kost (München) gewesen zu sein, das sich auch auf der Karte »Gruß aus Hilgertshausen« desselben Verlages findet. Die im Lichtdruckverfahren aufgebrachten Bilder wurden mit der Hand koloriert.

Der Ort Oberroth wird Ende des 9. Jahrhunderts als ad Hrotam erwähnt und 1190 von Bischof Otto II. von Freising an das dortige Collegiatstift St. Andreas vergeben. Die einschiffige Pfarrkirche St. Peter und Paul steht auf romanischen Grundlagen und wurde 1952 nach Westen hin verlängert. 1972 kam Oberroth im Rahmen der Gebietsreform zur Großgemeinde Schwabhausen.

Der »Gruß aus Stetten« zeigt vier verschiedene Gebäude der Firma Trinkl & Lachner. Die Lichtdruck-Ansichtskarte wurde um 1910 vom Verlag E. Kost (München) hergestellt.

Der Name des Ortes Stetten wird von »Wohnstätte« abgeleitet und taucht um 1300 erstmals auf.

Das Aussehen von Sulzemoos hat sich in den vergangenen Jahrzehnten stark verändert, wie diese im Jugendstil gehaltene Postkarte aus dem Jahre 1899 beweist. Sie wurde vom Verlag N. Baumann (Altomünster) im Lichtdruck (Schrift roter Buchdruck) produziert.

Vom alten Dorfweiher konnte man damals noch ungehindert bis zum Gast- und Ökonomiehaus Schneiter sehen; heute ist hier alles verbaut. Das Gasthaus, ein stattlicher Satteldachbau mit Aufzugsluke, erbaut um 1800, steht unter Denkmalschutz und ist im Besitz der Familie Matthias Baumgartner.

Diese Lichtdruck-Ansichtskarte vom Verlag L. Asum (Odelzhausen) zeigt einen Straßenzug von Sulzemoos am Anfang unseres Jahrhunderts. Rechts im Bild sieht man das ehemalige Pfarrhaus, erbaut im 18. Jahrhundert. Am Hauseingang befinden sich eine Dachauer Haustafel aus der Mitte des 19. Jahrhunderts, sowie eine Sonnenuhr aus dem Jahr 1797. Das Pfarrhaus befindet sich jetzt in Privatbesitz. Die alte Handlung und Krämerei links im Vordergrund wurde im Jahre 1991 abgerissen.

Unter einem Panorama von Sulzemoos sind auf dieser Bildpostkarte fünf signifikante Bauwerke des Ortes dargestellt. Der Verlag Baumann (Altomünster) druckte diese Karte um 1900 im Lichtdruckverfahren (braune Druckfarbe).
Bereits 820 wird der Ort Sulzemoos erstmals genannt. Bis 1478 waren hier die Sendlinger, ein Münchner Patriziergeschlecht, begütert. Im 16. und zum Beginn des 17. Jahrhunderts waren die von Hundt Hofmarksherren. Seit 1922 sind die Freiherren von Schaezler auf dem Schloß. In der alten Schule befindet sich der Sitz des Wasserverbandes Sulzemoos-Arnbach sowie der Sitzungssaal des Gemeinderates. Im Gasthaus, heute Gasthof Baumgartner, kam am 21. März 1873 der Maler Hans Huber-Sulzemoos zur Welt.

Kirche und Schloß sind auf diesem »Gruss aus Sulzemoos« abgebildet, der vom Verlag L. Asum (Odelzhausen) um 1900 als Lichtdruck hergestellt wurde.

Der Ortsadel von Sulzemoos, Ministerialen der Grafen von Dachau, saß bis zum Beginn des 14. Jahrhunderts in einem kleinen Wasserschloß. Nachfolger waren die Eisolzrieder, dann der Münchner Bürger Ulrich Stumpf. Unter den später häufig wechselnden Besitzern ist vor allem der Geschichtsschreiber Wiguleus Hundt zu nennen, der das Schloß 1546 erwarb. Erhalten blieb ein typischer Renaissancebau mit vier Flügeln, die einen kleinen Innenhof umschließen.

Dieser handkolorierte Lichtdruck des Verlags Kalophot (München), der 1906 postalisch unterwegs war, zeigt ein Panorama von Einsbach und die drei wichtigsten Gebäude. Am rechten unteren Bildrand ist die Hl.-Blut-Kirche zu sehen. Diese Wallfahrtskirche stammt aus gotischer Zeit, die Entstehungszeit der Wallfahrt selbst ist unbekannt. Im Innern der Kirche befindet sich ein Ziehbrunnen mit hübschem Eisengitter aus dem Jahre 1688. Die achteckige, ungewöhnliche Turmform findet man in der Dachauer Gegend kein zweites Mal.

Totale

Orthofen

Gastwirtschaft Fried

Bachhäuser

Am 5. August 1915 wurde diese Lichtdruckkarte gestempelt, die ein Panorama von Orthofen, eine Teilansicht und ein einzelnes Bauwerk zeigt.

Orthofen wird erstmals 1295 urkundlich genannt. Später gehörte die Vogtei zur Veste Unterweikertshofen. Die Pfarrkirche Hl. Kreuz ist neugotisch eingerichtet. Das Deckenfresko stammt aus dem Jahr 1747 und stellt die Kreuzauffindung dar. Vor 1500 war die katholische Filialkirche dem Papst Sixtus II. geweiht.

Aus der Zeit kurz nach der Jahrhundertwende stammen diese drei Abbildungen von Wiedenzhausen. Der Verlag N. Baumann (Altomünster) stellte die Karte im Lichtdruckverfahren im Jahre 1904 her. Damals war es noch üblich auf der Vorderseite der Postkarte, teilweise sogar in die Bildmotive zu schreiben, wie man sehen kann.

Die Kirche, auf der Karte gleich dreimal reproduziert, ist dem hl. Florian geweiht. Der Turm mit seiner reichen Blendzier gehört zu den schönsten im weiten Umkreis. Mit 54 Metern hat er auch eine beachtliche Höhe.

Diese Karte von Vierkirchen, ein mittels Schablone handkolorierter Lichtdruck des Verlags E. G. Beck (München), ist nach einer Zeichnung gefertigt und wurde 1912 abgesandt.
Die Pfarrkirche im Vordergrund ist St. Jakob geweiht und wurde 1763–1768 nach Abbruch einer gotischen Pfarrkirche neu erbaut. Aus der Zeit um 1500 stammt ein Steinrelief mit der Darstellung des Kruzifixes. Das Pfarrhaus mit Gurtgesimsgliederung und Walmdach (heute Gröbmaierstraße 12) wurde im Jahre 1836 erbaut und steht unter Denkmalschutz.

Nach Ungarn wurde dieser »Gruss aus Giebing« im Jahre 1902 verschickt. Er wurde vom Verlag G. M. Beinrucker (Schönbrunn) im Lichtdruck produziert und zeigt neben einer Totalansicht Giebings zwei weitere Gebäude.

Der Ort Giebing wird 1069 als Giebingen genannt. Nachdem der Ortsadel im 14. Jahrhundert verschwunden war, kam das Schloß an den Herzog, der verschiedene Geschlechter damit belehnte. Das Schloß wurde Anfang 1800 abgerissen. Die Pfarrkirche, Chor und Turm sind spätgotisch, ist St. Michael geweiht. Das Pfarrhaus, ein Walmdachbau von 1835, steht unter Denkmalschutz.

Diese Lichtdruckkarte von Pasenbach, die die gängige Dreiteilung in Ortsansicht und zwei Teilansichten aufweist, entstand etwa um 1930 im Verlag P. Sessner (Dachau). Die Bildpostkarte wurde 1935 an ein Dienstmädchen in München gesandt.

1419 wurden die Edlen von Dachsberg durch das Münchner Geschlecht der Wildprecht abgelöst, dem dann die Schrenk und Barth folgten. Die Kirche St. Leonhard dürfte im 17. Jahrhundert vollkommen erneuert worden sein. Das Deckenfresko mit Darstellung der Hl. Familie schuf A. Huber aus Dachau im Jahr 1842.

Diese Ansicht des Klosters Weichs wurde vom Verlag Gebrüder Gruber (München) publiziert. Die Lichtdruck-Bildpostkarte (Schrift roter Buchdruck) wurde am 10. September 1904 abgestempelt.

Gegründet wurde das Kloster Weichs im Jahre 1853 nahe der Kirche St. Martin am südlichen Ortsrand von Weichs. Die feierliche Übergabe der Mädchenschule an die »Armen Schulschwestern« fand am 30. Oktober 1853 unter großer Anteilnahme der Bevölkerung statt. Bis 1974 wirkten die Schwestern in der Erziehung und Ausbildung der Mädchen der Gemeinde Weichs. Seit 1965 ist die Mädchenrealschule, die 1952 aus München hierher verlegt wurde, in Realschule umbenannt.

Gruß aus Weichs

Gattinger'sche Brauerei

Nach einer Zeichnung wurde diese Lichtdruck-Ansichtskarte des Verlags Hans Pernat (München) gefertigt. Unter einem Panorama von Weichs sind zwei Ansichten der Gattinger'schen Brauerei zu sehen. Leider kann die Karte nicht genau datiert werden, da kein Datum vermerkt ist und sie auch nie versandt wurde.

Ein alter Burggraben hinter der Kirche erinnert noch an den Herrensitz der Weichser. 807 schenkt die Edle Dotpurg von Uuihse ihren gesamten Besitz an Freising. Um 926/38 wird ein Ortsadel mit Isangrim von Weichs erwähnt. Das Geschlecht der Weichser hatte die Hofmark bis 1848 inne und blüht heute noch im bayerisch-österreichischen Raum. Als Pfarrsitz wird Weichs erstmals im Jahr 1266 genannt. Die Friedhofskapelle mit der Lourdesgrotte wurde 1891 erbaut, die Klosterkapelle wurde 1906 errichtet.

Diese Ansichtskarte von Ebersbach stammt aus den dreißiger Jahren. Die Karte, ein handkolorierter Lichtdruck des Verlags Karl Lang (München), wurde am 15. August 1934 geschrieben. Sie zeigt unter der Dorfansicht zwei bedeutende Gebäude.

Im Jahr 853 wird der Ort als Eparesbah erstmals geschichtlich erwähnt. Die Pfarrkirche St. Georg wird schon 1158 genannt. Der rechte Seitenaltar im Gotteshaus trägt eine bäuerliche Silvesterfigur aus dem 16. Jahrhundert.

Ortsregister

Ainhofen (Gemeinde Markt Indersdorf) 64
Altomünster 11 ff.
Ampermoching (Gemeinde Hebertshausen) 52
Amperpettenbach (Gemeinde Haimhausen) 50
Arnbach (Gemeinde Schwabhausen) 95
Asbach (Gemeinde Altomünster) 19
Bergkirchen 20
Biberbach (Gemeinde Röhrmoos) 89
Dachau 30 ff.
Deutenhausen (Gemeinde Bergkirchen) 21
Deutenhofen (Gemeinde Hebertshausen) 53
Ebersbach (Gemeinde Weichs) 110
Ebertshausen (Gemeinde Odelzhausen) 78
Egenburg (Gemeinde Pfaffenhofen a. d. Glonn) 87
Einsbach (Gemeinde Sulzemoos) 102
Eisolzried (Gemeinde Bergkirchen) 22
Erdweg 40
Etzenhausen (Gemeinde Dachau) 39
Feldgeding (Gemeinde Bergkirchen) 23
Giebing (Gemeinde Vierkirchen) 106
Glonn (Gemeinde Markt Indersdorf) 65
Glonnbercha (Gemeinde Petershausen) 83
Großberghofen (Gemeinde Erdweg) 41
Großinzemoos (Gemeinde Röhrmoos) 90
Günding (Gemeinde Bergkirchen) 24
Haimhausen 46 ff.
Hebertshausen 51
Hilgertshausen-Tandern 57 f.
Hirtlbach (Gemeinde Markt Indersdorf) 66
Hohenzell (Gemeinde Altomünster) 16 f.
Karlsfeld 59 f.
Kleinberghofen (Gemeinde Erdweg) 42
Kloster Indersdorf (Gemeinde Markt Indersdorf) 67 f.
Kollbach (Gemeinde Petershausen) 84
Kreuzholzhausen (Gemeinde Bergkirchen) 25
Langenpettenbach (Gemeinde Markt Indersdorf) 69
Lauterbach (Gemeinde Bergkirchen) 26
Lindach (Gemeinde Petershausen) 85
Mariabrunn (Gemeinde Röhrmoos) 91 f.
Markt Indersdorf 62 f.
Niederroth (Gemeinde Markt Indersdorf) 70
Oberbachern (Gemeinde Bergkirchen) 27
Obergrashof (Gemeinde Karlsfeld) 61
Oberroth (Gemeinde Schwabhausen) 96
Odelzhausen 72 ff.
Orthofen (Gemeinde Sulzemoos) 103
Palsweis (Gemeinde Bergkirchen) 28
Pasenbach (Gemeinde Vierkirchen) 107
Petershausen 80 ff.
Pfaffenhofen a.d. Glonn 86
Pipinsried (Gemeinde Altomünster) 18
Prittlbach (Gemeinde Hebertshausen) 54
Randlsried (Gemeinde Altomünster) 19
Röhrmoos 88
Schönbrunn (Gemeinde Röhrmoos) 93
Schwabhausen 94
Sittenbach (Gemeinde Odelzhausen) 79
Stetten (Gemeinde Schwabhausen) 97
Sulzemoos 98 ff.
Unterbachern (Gemeinde Bergkirchen) 29
Unterweikertshofen (Gemeinde Erdweg) 43
Unterweilbach (Gemeinde Hebertshausen) 55
Vierkirchen 105
Walkertshofen (Gemeinde Erdweg) 44
Walpertshofen (Gemeinde Hebertshausen) 56
Weichs 108 f.
Welshofen (Gemeinde Erdweg) 45
Westerholzhausen (Gemeinde Markt Indersdorf) 71
Wiedenzhausen (Gemeinde Sulzemoos) 104

Dachauer Heimat
Geschichte und Kunsttradition im Buch

Alois Angerpointner
Altbairische Sagen Teil 1
Geschichten und Legenden aus dem Dachauer Land
92 Seiten, Format 23 × 29 cm
22 Holzschnitte von Wolfgang Huss
ISBN 3-9800040-6-6

Alois Angerpointner
Altbairische Sagen Teil 2
Weitere Geschichten und Legenden aus dem Dachauer Land
92 Seiten, Format 23 × 29 cm
32 Holzschnitte von Wolfgang Huss
ISBN 3-9800040-9-0

Alois Angerpointner
Altbairische Sagen Teil 3
Geschichten und Legenden aus dem Amperland: Fürstenfeldbruck, Dachau und Freising
104 Seiten, Format 23 × 29 cm
30 Zeichnungen von Wolfgang Huss
ISBN 3-922394-58-2

Gerhard Hanke, Wilhelm Liebhart
Der Landkreis Dachau
180 Seiten, Format 23,5 × 23 cm
zahlreiche Abbildungen in Farbe und Schwarzweiß
ISBN 3-89251-052-0

Wilhelm Liebhart, Günther Pölsterl
Die Gemeinden des Landkreises Dachau
284 Seiten, Format 23,5 × 23 cm
zahlreiche Abbildungen in Farbe und Schwarzweiß.
ISBN 3-89251-053-9

Norbert Göttler
Sie machten Geschichte im Dachauer Land
Kulturhistorische Lebensbilder
136 Seiten, Format 17 × 24,5 cm
zahlreiche Abbildungen
ISBN 3-89251-049-0

Klaus Kiermeier
Wie's war im Dachauer Land
Photographien aus vergangener Zeit
160 Seiten, Format 24,5 × 30,5 cm
229 Photos
ISBN 3-9800040-7-4

Klaus Kiermeier
Dachauer Land
Die Landschaft in den Jahreszeiten
176 Seiten, Format 21,5 × 29 cm
265 teilweise farbige Abbildungen
ISBN 3-922394-11-6

Manfred Kittel
Erlebniswandern im Dachauer Land
Mit 30 repräsentativen Landkreis-Rundwanderungen
Wertvolle Orientierungshilfen Übersichtsplan, genaue Wegskizzen, Angaben zu Weglänge, Wegvarianten, Gehzeit, Verkehrsverbindungen, Einkehrmöglichkeiten
Format 10 × 16,5 cm
ISBN 3-922394-72-8

August Kübler
Dachau in verflossenen Jahrhunderten
312 Seiten, Format 17,5 × 24 cm
ISBN 3-922394-01-9

Lorenz Josef Reitmeier (Hrsg.)
Dachau
Bilder einer Stadt
128 Seiten, Format 23 × 29,5 cm
134 farbige Abbildungen
ISBN 3-89251-008-3

Arthur Roeßler
Neu-Dachau
172 Seiten, Format 18 × 26 cm
158 Abbildungen
ISBN 3-922394-09-4

Elmar D. Schmid/Toni Beil
Das Schloß Dachau
Geschichte und Bedeutung der ehemaligen Sommerresidenz des Hauses Wittelsbach
112 Seiten, Format 24 × 27,5 cm
zahlreiche Abbildungen in Farbe und Schwarzweiß
ISBN 3-922394-03-5

Fritz Scholl
Dachauer Geschichten
Herausgegeben von Klaus Kiermeier
92 Seiten, Format 23,5 × 22,5 cm
42 Skizzen und Zeichnungen von Hermann Stockmann
ISBN 3-9800040-8-2

Hans Seemüller
Aus dem alten Dachau
Geschichten und Erinnerungen
160 Seiten, Format 20 × 29,5 cm
Illustrationen von Otto Fuchs
ISBN 3-89251-063-6

Ottilie Thiemann-Stoedtner
Carl Thiemann
Der Mensch – der Künstler
84 Seiten, Format 23,5 × 22,5 cm
52 meist farbige Abbildungen
ISBN 3-8900040-3-1

Ottilie Thiemann-Stoedtner, Gerhard Hanke
Dachauer Maler
Die Kunstlandschaft von 1801–1946
Herausgegeben von Klaus Kiermeier
374 Seiten, Format 24,5 × 31 cm
329 Abbildungen, davon 77 in Farbe
ISBN 3-89251-054-7

Helmut Zöpfl (Hrsg.)
Im stillen Dachauer Land
mit Bildern von Josef Wahl
144 Seiten, Format 23 × 22 cm
26 ganzseitige Farbbilder
ISBN 3-89251-042-3

Verlagsanstalt »Bayerland« Dachau

34,80